성경대탐험

구약 ❷권

출애굽기

성경이 이끌어 가는 목회지침서

성경 대탐험

구약 2권

출애굽기

배국순 목사 지음

The Old Testament Exodus

요단
JORDAN PRESS

성경대탐험에 초대합니다!

우리는 성경이 살아계신 창조주 하나님의 감동으로 기록된 하나님의 말씀임을 믿습니다. 그리고 이 말씀이 우리 삶을 교훈과 책망과 바르게 함과 의로 교육하여 구원과 영원한 생명으로 인도함을 믿습니다.

성경대탐험은 초등학생부터 장년에 이르기까지 모든 성도가 매일 성경을 한 장씩 읽고 문제를 풀고, 말씀을 묵상하고 적용하는 시간으로 성경 66권 전체를 배우는 과정입니다.

① 한 주간의 분량(다섯 장) 중 1장을 주일 오전 설교를 통해 강해합니다.

② 주일 저녁 또는 오후 예배 시간에 남은 네 장을 강해합니다. 그동안 성경을 읽으며 궁금하던 주제들이 하나님 말씀을 통해 이해되고 하나님의 뜻을 발견하게 됩니다.

③ 새벽기도를 통해 하루 한 장씩 좀 더 깊게 본문을 이해하게 됩니다.

④ 가정예배 또는 개인 Q.T 교재로 사용하여 문제를 풀고 묵상과 적용과 기도의 시간을 갖도록 합니다.

⑤ 위의 자료를 영상(홈페이지 또는 유튜브)으로 준비 제공하여 모든 성도가 훈련을 공유하고, 공동체가 함께 성장하도록 돕습니다.

성경대탐험을 통해 개인의 삶과 가정, 교회 공동체에 말씀이 흥왕하게 되면, 하나님만이 하실 수 있는 크고 놀라운 일들이 부흥이라는 이름으로 분명히 나타날 것입니다(사도행전 6:7).

에스라가 여호와의 말씀을 공부하고 지키며 온 이스라엘에게 가르치기로 결심하고(에스라 7:10) 전하자, 온 이스라엘이 그 가르침을 준행하기로 맹세하여 새 역사를 맛보았던 것처럼(에스라 10:5), 매일 하나님의 말씀을 한 장씩 읽고 공부하고 실천하면서 가르치기를 결심하는 우리에게도 같은 회복과 축복과 능력이 임할 것입니다.

성경대탐험을 통해 살아계신 하나님을 만나고, 하나님께서 나를 위해 준비하신 보물창고에서 값진 생명의 보화들을 꺼내어 마음껏 누리는 축복을 기대합니다.

배 국 순 목사

• 배국순 성경대탐험 바이블 목회연구원

• 송탄중앙침례교회 원로목사

훈련참여안내

주제성구 • 에스라 7:10

"에스라가 여호와의 율법을 연구하여 준행하며 율례와 규례를 이스라엘에게 가르치기로 결심하였더라."

▶ 에스라는 여호와의 율법을 연구(공부)하기로 결심했습니다.

▶ 에스라는 여호와의 율법을 준행하기로 결심했습니다.

▶ 에스라는 그 율례와 규례를 이스라엘에게 가르치기로 결심했습니다.

▶ 온 이스라엘이 가르침을 준행하기로 맹세했습니다(에스라 10:5).

▶ 성경대탐험을 시작하는 성도에게 성령님의 가르치심이 있을 것입니다.

▶ 성령님을 의지하고, 끝까지 포기하지 말고 공부하십시오.

▶ 가정예배 또는 개인 QT 교재로 사용하면 더욱 좋을 것입니다.

▶ 말씀이 흥왕하여, 능력이 더하는 가정과 교회로 주님이 세워 가실 것입니다.

훈련 참여 방법

▶ 주일 오전과 저녁(오후) 예배를 통해 한 주간 분량의 말씀을 듣습니다.

▶ 새벽기도 참석, 또는 영상과 음성으로(PC, 모바일) 다시 말씀을 공부합니다.

▶ 한 주간(월~금) 매일 1장씩 다시 성경을 읽고 문제를 풀어보고 적용하고 기도합니다.

*혼자 성경을 공부하기 힘든 분들은 교회의 도움을 받을 수 있습니다.

훈련에 임하는 약속

"모든 성경은 하나님의 감동으로 된 것으로, 교훈과 책망과 바르게 함과 의로 교육하기에 유익하니, 이는 하나님의 사람으로 온전하게 하며, 모든 선한 일을 행할 능력을 갖추게 하려 함이라."

(디모데후서 3:16-17)

나는 성경이 하나님의 말씀임을 믿으며, 나 자신을 말씀으로 훈련하겠습니다.

- 하나. 나는 매일 성경을 한 장씩 읽겠습니다.
- 하나. 성경을 읽고 문제를 풀고 적용하고 기도하겠습니다.

주후 20　　년　　월　　일

약속자: ＿＿＿＿＿＿＿＿ (서명)

Contents

출애굽기

출애굽기 소개

출애굽기는 모세오경 중 두 번째 책입니다. 출애굽기는 애굽 왕 바로에게 노예가 된 이스라엘 백성을 구출하여 하나님을 예배하는 백성이 되는 과정을 기록하고, 애굽 왕 바로를 위해 건축물을 짓던 노예 백성이 시내 산에서 하나님의 성막을 건축하는 이야기를 기록했습니다.

출애굽기는 크게 두 부분으로 나눌 수 있습니다.

1. 전반부(1-19장): 애굽에서 종노릇하던 이스라엘 백성을 하나님이 10가지 재앙과 유월절을 통해 구원하셨습니다.

2. 후반부(20-40장): 이스라엘이 하나님과 시내 산에서 언약을 맺고 언약 백성이 되었습니다. 모세를 통해 율법을 주셨고 성막을 건축하심으로 하나님이 자기 백성과 함께 거주하셨습니다.

출애굽기는 기독교 복음의 핵심을 보여주는 책입니다. 이스라엘 백성이 바로의 노예로부터 구출된 것처럼 그리스도인들도 죄와 사탄의 종노릇에서 구원받았습니다. 시내 산에서 율법과 성막을 통해 하나님을 예배하는 백성이 된 것처럼 그리스도인들도 성령 안에서 하나님을 예배하는 거룩한 백성이 되었습니다.

출애굽기의 핵심 단어 <구속 – 언약 – 율법 – 성막>은 그리스도인들에게도 중요합니다. 율법은 구속함을 받은 공동체에게 주시는 선물입니다. 율법은 하나님을 예배함으로 성취하게 됩니다. 그리스도는 구원받은 우리에게 율법의 완성이 되셨으며 신령과 진정으로 드리는 참된 예배를 선물로 주셨습니다.

출·애·굽·기

1장

본문 소개

아브라함에게 하신 하나님 약속이 애굽에 있던 이스라엘 백성들에게 이루어졌습니다(창 15:12-14). 애굽에 있던 이스라엘 백성이 크게 번성하자 애굽의 바로는 중노동 정책과 히브리 산파를 통해 인구 억제 정책을 펼쳤지만, 하나님께서는 평범한 여인들을 통해 이스라엘 백성을 돌보셨습니다.

1. 이스라엘 자손의 번성(1:1-7)

창세기 끝부분과 출애굽기 시작은 서로 연결되었습니다. 요셉과 함께 애굽에 거주한 이스라엘 자손들은 70명이었습니다(창 46:8-27). 요셉 세대가 죽은 후 이스라엘 인구가 폭발적으로 증가했습니다. 7절의 다섯 개 동사는 인구 증가를 실감 있게 강조했습니다.

2. 인구 억제 정책(1:8-14)

요셉 세대가 다 죽고 애굽에도 요셉을 알지 못하는 새 왕이 통치했습니다. 요셉은 하나님이 자기 백성의 생명을 지키는데 사용하신 도구였습니다.

❶ 바로의 염려(1:8-10): 바로는 이스라엘의 인구 증가를 주목했습니다. 전쟁 시에 이스라엘의 반역과 도주를 걱정했습니다. '우리가

지혜롭게 하자.' 과거 요셉의 지혜로 애굽은 칠년 풍년과 칠년 기근에서 살아남았습니다(창 41:37-41). 이제 애굽이 선택한 지혜는 중노동을 통한 악한 정책이었습니다.

❷ 국고성 건축(1:11): 요셉 시대에 생명을 구하기 위해 건축했던 국고성(창 41:34-36)이 이제 탄압의 도구가 되었습니다. 바로는 노예 감독들을 세워 무거운 짐으로 괴롭혔습니다.

❸ 정책의 실패(1:12-14): 국고성은 곡식을 저장하는 성입니다. 바로의 지혜는 실패했습니다. 이스라엘 백성은 학대를 받을수록 더 번성했습니다. 바로는 더 잔인하게 학대했습니다.

3. 유아 살해 정책(1:15-22)

바로는 비인간적인 정책을 결정했습니다. 두 명의 히브리 산파가 바로와 애굽 권력과 맞서서 히브리 남자 아기들과 모세를 구했습니다.

❶ 산파들의 지혜(1:15-19): 히브리 산파들은 하나님을 두려워하여 남자 아이들을 살려내고 지혜롭게 변명했습니다.

❷ 하나님의 은혜(1:20-22): 십브라와 부아 두 산파로 인해 이스라엘은 더 번성했으며, 산파들의 가정은 복을 받았습니다. 바로는 전 국민에게 히브리 남아 살해 명령을 내렸습니다.

성경 공부

문제❶ 애굽으로 이주했던 야곱의 가족은 몇 명이었습니까? (1:5)

문제❷ 애굽의 어떤 왕이 이스라엘 백성들을 박해하기 시작했습니까? (1:8)

문제❸ 바로에게 학대를 받을수록 이스라엘 백성은 어떠했습니까? (1:12)

문제❹ 왕보다 하나님을 더 두려워했던 사람들은? (1:15~19) (17)

문제❺ 하나님을 경외했던 산파들에게 베푸신 복은? (1:21)

오늘의 묵상

요셉을 알지 못하는 새 왕은, 자신의 나라가 입은 은혜를 저버리고 요셉이 속한 이스라엘을 핍박했습니다. 성도는 하나님의 은혜를 잊어서는 안 됩니다. 산파들이 바로 왕의 명령보다도 하나님을 더 두려워했듯이, 성도가 이 세상에서 가장 두려워할 분은 하나님이십니다.

오늘의 적용

최근 하나님께서 내게 베풀어 주신 은혜를 써 보십시오.

오늘의 기도

하나님만을 경외함으로 세상을 향해 거룩하고 당당하겠습니다.

출·애·굽·기

2장

본문 소개

바로는 애굽 백성에게 '히브리 남자아이는 나일강에 던져라' 살해 명령을 내렸습니다. 나일강에 던지는 것은 신에게 제물을 바치는 행위였습니다. 하나님은 두 산파를 통해 백성을 돌보시고 모세를 어머니와 누이, 십보라를 통해 구원하셨습니다.

1. 모세의 출생(2:1-10)

히브리 남자아이들은 죽을 운명으로 태어났습니다. 모세의 가족은 모세를 위해 모든 안전조치를 취했지만 석 달 후 죽음의 나일강으로 보내야 했습니다.

❶ 어머니(2:3): 바로의 명령대로 모세를 나일강에 던졌지만, 갈대 상자에 넣어 하나님께 모세의 생명을 맡겼습니다.

❷ 세 여인(2:4-10): 스튜어트(Stuart)는 모세를 제2의 노아로 보았습니다. 노아의 '방주'와 갈대 '상자'는 같은 단어였습니다. 세 여인이 모세를 죽음에서 생명으로 이끌었습니다. 모세를 죽이려던 바로 가문의 공주가 모세의 구원자가 되었습니다. 미리암이 애굽의 공주에게 어머니를 유모로 소개하고, 모세는 어머니에게 양육되어 애굽 공주의 아들이 되었습니다.

2. 모세의 도피(2:11-22)

모세가 바로의 궁에서 성장했던 40년 이야기가 끝나고 광야 40년이 시작됩니다.

❶ 모세의 실패(2:11-15): 어머니의 양육으로 모세는 동족 히브리인들에 대한 지도자 사명을 갖고 성장했습니다. 어느 날, 고통 받는 히브리인을 위해 애굽 사람을 죽이고 시체를 숨겼습니다. 다음날 히브리 사람들 분쟁을 해결하려다가 모세는 지도자와 재판관의 지위를 인정받지 못하고 광야로 도피하게 됩니다.

❷ 모세의 결혼(2:16-22): 바로가 추격하자 모세는 미디안 광야로 도망쳤습니다. 우물곁에서 미디안 제사장 딸 십보라를 괴롭히는 목자들을 쫓아내고 집에 초대되었습니다. 십보라와 결혼하여 아들 게르솜(거기서 나그네가 되었다)을 낳았습니다.

3. 백성의 부르짖음(2:23-25)

살인죄로 모세를 찾던 애굽 왕도 죽었고 히브리 백성은 고된 노동으로 인해 하나님께 부르짖었습니다. 애굽 땅에서 처음 백성들이 부르짖었습니다. 부르짖음을 네 차례 언급합니다. 백성들이 부르짖자, 하나님이 아브라함과 이삭과 야곱과의 언약을 기억하시고 이스라엘 백성을 돌보셨습니다. "들으셨다 - 기억하셨다 - 보셨다 - 아셨다."

성경 공부

문제❶ 아기를 숨겨 길렀던 이유는? (2:1~3) (1:16~17)

문제❷ 모세의 이름의 뜻은? (2:10)

문제❸ 동족의 싸움에 관여하다가 모세가 들은 비난은? (2:14) 상반 절

문제❹ 모세가 십보라와 결혼하여 낳은 아들 '게르솜'의 이름의 뜻은? (2:22)

문제❺ 백성들이 부르짖자, 하나님께서 들으시고 어떻게 하십니까? (2:24~25)

오늘의 묵상

하나님은 대적의 딸을 통해서 모세를 보호하신 것처럼, 우리가 어려움에 처했을 때도 누구라도 쓰실 수 있음을 기대하시기 바랍니다. 나 또한 쓰임 받을 수 있다는 사실을 믿으시기 바랍니다. 또한 하나님은 학대의 고통 속에서 부르짖는 이스라엘 백성들의 부르짖음을 외면치 않으시고 들어주시고 기억하고 계신다고 말씀하십니다.

오늘의 적용

하나님께서 들어주셔야만 하는 기도의 제목이 있습니까?

오늘의 기도

성도의 부르짖음을 들으시는 주님께 날마다 무릎 꿇겠습니다.

출·애·굽·기

3장

본문 소개

하나님은 이스라엘 백성의 부르짖음을 들으시고 언약을 기억하셨습니다. 이스라엘 백성들을 돌보시기 위해 모세를 부르셨습니다. 출애굽 시작은 백성들의 울부짖음이었습니다. 하나님이 모세를 찾아오셔서 미디안 광야 불꽃 중에서 만나셨습니다.

1. 모세의 소명(3:1-6)

하나님이 호렙산을 계시의 장소로 선택하시고 모세와 출애굽 소명에 관해 대화하셨습니다. 호렙(황무지)산, 떨기나무 불꽃 속에서 하나님이 나타나셨습니다. 사라지지 않는 불꽃에 대한 호기심 때문에 가까이 다가오는 모세를 하나님이 부르시고 '네 발에서 신을 벗으라' 명령하시며, '나는 네 조상의 하나님이다' 말씀하셨습니다. 하나님의 거룩한 임재 속에 모세는 소명을 받았습니다.

2. 모세를 보내심(3:7-12)

하나님이 백성들의 고통에 대해 "보고, 듣고, 알고(7절), 애굽에서 구원하시고 약속하신 가나안 땅으로 데려가시기 위해" 내려오셨습니다(8절). 하나님이 모세를 통해 출애굽 구원을 이루시겠다고 하셨습니다(9-10절). 모세가 하나님께 드러낸 여덟 가지 거부 행동 중 첫 번째 행동이 “내가 누구이기에”였습니다(11절). 모세의 질문에 하나님은 임재의 보증을 주셨습니다. 모세는 하나님과 함께 출애굽을 성취하고 이 산에서 하나님을 예배하게 될 것입니다(12절).

3. 하나님의 이름(3:13-22)

‘내가 누구이기에’ 질문은 ‘하나님은 누구십니까?’ 질문으로 바뀌었습니다.

❶ 하나님의 이름(3:13-15): 모세가 백성들 앞에서 대변하게 될 하나님 이름을 묻는 것은 중요한 일입니다. “나는 있을 자로 있을 것이나/나는 있을 자이다.” 하나님은 이스라엘과 모세를 위해 신실하신 하나님이 되실 것을 약속하셨습니다. 또한 하나님은 “아브라함과 이삭과 야곱의 하나님”이심을 계시하셨습니다.

❷ 하나님이 주신 소명(3:16-22): 모세가 이스라엘 장로들과 애굽 왕에게 해야 할 말을 구체적으로 알려주셨습니다.

① 장로들(3:16-17): 이스라엘이 애굽에서 당한 고통을 보시고 하나님이 구원하여 가나안 땅으로 인도하실 것을 전했습니다.

② 애굽 왕(3:18-20): ‘3일 길 광야에서 하나님을 예배 하겠다’고 바로에게 요구해도 바로가 허락하지 않을 것도 아셨습니다.

③ 백성들(3:21-22): 출애굽 때 많은 선물을 약속하셨습니다.

성경 공부

문제❶ 하나님께서는 어떤 형상으로 나타나 모세를 부르셨습니까? (3:2)

문제❷ 호렙산에서 모세에게 신발을 벗으라고 명령하신 이유는? (3:5)

문제❸ 모세를 이스라엘의 지도자로 세우신 증거로 말씀하신 것은? (3:12)

문제❹ 모세에게 가르쳐주신 하나님의 이름은? (3:14)

문제❺ 하나님은 이스라엘을 어디로 인도하시겠다고 하십니까? (3:17)

오늘의 묵상

하나님이 모세를 부르신 것처럼, 언제 어디서 나를 부르실지 모릅니다. 그러므로 하나님 앞에 설 수 있도록 늘 준비하며 사십시오. 하나님은 자신 앞에 선 모세에게 거룩한 삶에 동참할 것을 요구하십니다. 언제든지 그 요구에 주저 없이 헌신하십시오.

오늘의 적용

나는 믿음의 거룩함을 무엇으로 보여줄 수 있습니까?

오늘의 기도

거룩하신 하나님 앞에 설 수 있도록 거룩하게 살겠습니다.

출 · 애 · 굽 · 기

4장

본문 소개

하나님은 이스라엘 백성들이 모세의 말을 잘 들을 거라고 말씀하셨지만(3:18), 모세는 믿지 못했습니다. 이스라엘 백성이 모세를 지도자로 받아들이고 하나님 대리자로 인정하지 않는다면 하나님의 계획도 실패로 끝날 수밖에 없습니다. 하나님을 대변하는 지도자에 대한 신뢰는 중요한 문제였습니다.

1. 모세의 징표(4:1-9)

"그들이 나를 믿지 않을 것입니다" 하나님은 모세에게 세 가지 징표를 허락해 주셨습니다.

❶ 지팡이(4:2-5): 애굽의 왕관에 뱀 형상이 있으며, 지팡이는 왕권의 상징입니다. 애굽 왕이 모세를 대적할 수 없습니다.

❷ 손(4:6-8): 나병이 생겼던 손이 다시 깨끗해졌습니다. 하나님은 두 번째 표적은 백성들이 믿을 것으로 기대하셨습니다.

❸ 나일강(4:9): 두 가지 표적도 믿지 않고 모세의 말을 듣지 않는다면 세 번째 표적을 준비해 주셨습니다. 애굽인들이 신으로 숭배하던 나일강을 죽음의 강으로 만드셨습니다.

2. 모세의 입(4:10-17)

모세는 또 다른 이유인 언어능력 부족을 이유로 하나님의 보내심을 거부했습니다.

❶ 사람의 입(4:10-12): 모세는 입이 뻣뻣하고 혀가 둔하다고 변명했습니다. 하나님이 입을 지으신 창조주이시며 모세의 입과 함께 있어 할 말을 주시겠다고 하셨지만 믿지 못했습니다.

❷ 아론(4:13-17): "주여 보낼만한 사람을 보내소서" 하나님은 분노하시고 아론을 모세 대변자로 세우셨습니다. 하나님이 모세에게 말씀하시고 아론이 모세를 대신하여 말하게 하셨습니다.

3. 모세의 귀국(4:18-31)

모세는 "애굽으로 돌아가라" 지시를 따라 하나님의 지팡이를 손에 잡고 출발했습니다.

❶ 하나님의 장자(4:21-23): 이스라엘은 하나님의 장자입니다. 하나님은 완악한 바로에게 장자 죽음의 재앙을 통해서 하나님의 장자 이스라엘을 해방 시키실 계획을 알리셨습니다.

❷ 하나님의 할례(4:24-26): 할례 받지 못한 모세와 아들을 하나님이 죽이시려 할 때 십보라의 지혜로 위기를 면했습니다.

❸ 하나님께 경배(4:27-31): 애굽에 도착해서 아론을 만난 후에 하나님의 모든 말씀과 이적을 행하자 백성들이 믿고 이스라엘 자손을 기억하시고 돌보신 하나님께 경배를 드렸습니다.

성경 공부

문제❶ 하나님의 함께하심의 상징으로 모세에게 주신 것은? (4:2, 17)

문제❷ 하나님께서 지팡이로 보여주신 첫 번째 이적은? (4:3~4)

문제❸ 변명하는 모세에게 함께 가도록 붙여 준 사람은? (4:14~15)

문제❹ 애굽으로 가는 모세의 손에 있었던 것은? (4:20)

문제❺ 모세의 아내 십보라가 자기 아들에게 행한 것은? (4:24~26) (26)

오늘의 묵상

하나님은 오늘도 우리에게 세상을 이길 능력을 공급해 주시는 분입니다. 그러므로 하나님이 우리 안에 주신 능력을 잊지 말고 담대히 선포해야 합니다. 하나님은 나의 연약함이나 부족한 것을 아시며, 언제든지 예비하시고 공급하시는 분이심을 잊지 말고 구하십시오.

오늘의 적용

내게 있고, 또한 보여주시는 하나님의 능력은 무엇입니까?

오늘의 기도

주님이 항상 나와 함께 하심을 믿고 용감하게 세상을 살겠습니다.

출·애·굽·기

5장

본문 소개

모세가 전한 하나님 말씀을 듣고 이적을 본 이스라엘 백성은 하나님을 믿고 경배했습니다. 모세와 아론은 바로의 궁에 찾아가 하나님 말씀을 전했습니다. 하나님이 미리 경고하신 대로 바로는 믿지 않았으며 도리어 백성들을 괴롭혔습니다.

1. 바로의 거부(5:1-14)

모세와 아론은 바로에게 하나님 말씀을 전했습니다. "내 백성을 보내라 광야에서 내 앞에 절기를 지켜야 한다. 사흘 길쯤 가서 예배 드리겠다" 요청했습니다.

❶ 바로는 하나님을 정면으로 무시했습니다(5:2): "여호와가 누구냐, 나는 모른다. 이스라엘을 보내지 않겠다" 거절했습니다.

❷ 바로는 이스라엘 백성이 게을러져서(5:8, 17) 핑계를 댄다고 여겼습니다(5:4-9). 바로는 노련한 압제자로 교활함을 가졌으며 고도로 조직화 된 압제체제를 가동시켰습니다. 바로는 노동 강도를 높이기 위해 벽돌 제조에 가장 필요한 짚은 주지 않고 벽돌 수요도 줄이지 않았습니다. 노동 시간을 늘려 백성들이 모세와 아론을 원망하게 만들어 곤경에 빠뜨리는 전략을 썼습니다.

❸ 노예 감독자와 기록원(5:10-14): 바로의 억압 정책은 신속하게 실

행되었습니다. 스스로 짚까지 구해 벽돌을 제조하는 것은 불가능한 일이었습니다. 백성들은 고통에 빠졌습니다.

2. 바로의 계략(5:15-21)

모세와 아론이 바로에게 요구한 광야 예배는 실패로 끝났습니다. 무리한 작업 방식과 작업량으로 인해 폭력에 시달리던 작업반장들이 바로에게 갔습니다.

❶ 바로(5:15-18): 바로에게 호소하여 작업량을 줄이려 했지만 "너희가 게으르다" 책망만 받고 아무것도 얻지 못했습니다.

❷ 모세와 아론(5:19-21): 모세의 말을 듣고 하나님을 경배했던 백성들이 이제 모세와 아론에 대해 비난하며 하나님의 심판을 탄원했습니다. 모세의 지도력이 위기에 처했습니다. 모세도 백성들도 예상과 달리 악화된 상황에 실망했습니다.

3. 모세의 기도(5:22-23)

모세는 작업반장들에게 받은 비난을 그대로 하나님께 전했습니다. 하나님이 주신 명령이 이스라엘 백성에게 학대가 되었기 때문입니다. 하나님을 예배하지 않는다면 '칼과 전염병'으로 치실 것을 두려워했는데(3절), 지금은 이스라엘 백성이 바로의 칼에 의해 절망하고 있습니다.

성경 공부

문제❶ 모세가 바로를 만나 요구했던 것은? (5:1)

문제❷ 바로가 여호와 하나님에 대해 했던 말은? (5:2)

문제❸ 모세의 말을 듣고 바로가 백성들에게 취한 행동은? (5:9)

문제❹ 백성들이 바로를 만난 모세와 아론에게 했던 행동의 배경은? (5:21)

오늘의 묵상

모세와 아론이 하나님의 말씀대로 백성을 보내라고 외쳤지만 바로의 강한 반발에 부딪힌 것처럼, 종종 우리도 하나님의 뜻에 순종하였음에도 어려움을 만날 수 있습니다. 그때 우리가 끝까지 신실하면 하나님의 뜻이 승리함을 기억해야 합니다. 또한 모세와 아론이 백성들의 원망을 들은 것처럼, 나의 선한 의도가 오해받을지라도 절망하지 말고 끝까지 순종을 실천해야 합니다.

오늘의 적용

하나님 뜻에 순종하였음에도 어려움을 만난 일이 있습니까? 어떻게 대처했습니까?

오늘의 기도

반대 때문에 하나님 뜻을 타협하거나 양보하지 않겠습니다.

출 · 애 · 굽 · 기

6장

본문 소개

백성들은 모세에게 원망했습니다. "미운 것이 되게 하고 그들의 손에 칼을 주어 우리를 죽이게 하는도다"(5:21) '미운 것'은 '나쁜 냄새'라는 뜻입니다. 모세가 "어찌하여"라고 기도하자 응답하셨습니다. 하나님의 결심은 확고합니다. 하나님의 강한 손으로 인해 바로가 이스라엘을 보내도록 하시겠다고 하셨습니다.

1. 출애굽의 복음(6:2-12)

하나님께서 모세의 소명을 확인하시고 이스라엘에 대한 '출애굽 복음'을 말씀하셨습니다.

❶ 하나님의 구원(6:3-8): 하나님은 '전능하신 하나님'으로 나타나셔서 아브라함과 이삭과 야곱에게 가나안 땅을 주기로 언약하셨습니다. 하나님은 '여호와 하나님'으로 나타나셔서 이스라엘 백성을 애굽의 종노릇에서 해방하여 아브라함과 이삭과 야곱에게 주시기로 한 언약한 땅으로 인도하시는 하나님이십니다.

❷ 하나님은 자신의 약속을 이루시기 위해 부지런히 철저하게 일하고 계십니다. 하나님이 모세를 보내신 목적도 같습니다.

- 첫째. 하나님은 이스라엘을 애굽의 무거운 짐 밑에서 빼어내시고, 고역에서 건지시고, 능력으로 구속하실 것입니다.

- 둘째. 이스라엘 백성이 하나님이 누구인가를 알게 될 것입니다.
- 셋째. 조상에게 주기로 약속하신 땅으로 인도하셔서 이스라엘 백성에게 '기업'이 되고 '집'이 되게 하실 것입니다.
- 넷째. '너희로 내 백성을 삼고 나는 너희 하나님이 되리라' 이스라엘 백성이 하나님 백성임을 특별하게 강조하셨습니다.

❸ 백성과 바로(6:9-12): 모세가 하나님 말씀을 전했지만, 백성들은 듣지 않았습니다. 하나님이 모세를 바로에게 보내셨지만, 모세는 '나는 입이 둔한 자'라며 거부했습니다.

2. 모세와 아론의 족보(6:13-30)

족보는 모세와 아론을 (1:1-4)에 있는 야곱의 열두 아들들과 연결하고, 레위에게 초점을 맞췄습니다. 족보는 모세와 아론이 제사장 가문에 속한 자로서 하나님 대리자로 봉사할 수 있는 자격이 있음을 보여주었습니다. 모세와 아론이 바로에게 갔지만 실패하고, 백성들의 비난으로 지도력과 정체성에 의문이 생기자, 족보를 통해 하나님이 부르신 자임을 증거 했습니다(6:26-27). 하나님이 모세를 바로에게 보내어 하나님 말씀을 전하게 하셨습니다(6:28-30).

성경 공부

문제❶ 모세를 바로에게 보내신 분은? (6:2)

문제❷ 하나님께서 이스라엘 백성들의 신음 소리를 듣고 답하신 말씀은? (6:5)

문제❸ 모세가 하나님의 구원을 선포할 때, 백성들의 반응은? (6:9)

문제❹ 용감한 믿음을 지녔던 모세와 아론의 부모 이름은? (6:20)

문제❺ 이스라엘 자손을 구원하도록 하나님의 명령을 받은 사람은? (6:26)

오늘의 묵상

하나님의 말씀을 따라 모세가 행했음에도 상황이 더 나빠졌습니다. 우리 역시 하나님의 뜻에 순종했음에도, 어려운 상황이 변하지 않을 수 있습니다. 그때에도 하나님의 섭리를 의심하지 말고 그분이 이루실 결과를 기대해야 합니다.

오늘의 적용

나를 세상에 보내신 분은? 어떤 사명을 맡기셨을까요?

오늘의 기도

하나님의 뜻과 섭리를 의심하지 않겠습니다.

출·애·굽·기

7장

본문 소개

하나님이 바로의 마음을 완악하게 하셨습니다. 두 가지 해석이 있습니다. 하나님이 바로의 행동을 통제하신다는 것과 바로의 자유의지가 자신을 통제하고 있다고 해석합니다. 여러 신학자는 바로의 완악함을 하나님이 이용하셨다고 설명합니다. 바로 본인은 하기 싫은데 하나님이 억지로 완악하게 하신 것이 아니라, 하나님이 바로의 완악함을 도구로 쓰신 것입니다.

1. 모세의 소명(7:1-7)

하나님이 모세를 바로에게 보내셨지만 모세는 '나는 말에 서툰 사람입니다' 망설였습니다.

❶ 모세의 권위(7:1-2): 모세는 아론과(4:16) 바로에게 신과 같은 존재였습니다. 바로는 모세를 노예들의 대표 정도로 여겼지만, 이제 하나님이 보내신 사람임을 알게 될 것입니다. 하나님 말씀이 모세와 아론을 통해 바로에게 전해지도록 하셨습니다.

❷ 바로의 완악함(7:3-5): 하나님은 바로의 완악한 마음을 이용하여 표적과 이적을 행하심으로 자신의 목적을 이루실 것입니다. 모세는 바로의 거절에 낙담해서는 안 됩니다. 하나님은 바로의 거절도 이스라엘을 해방하는 도구로 사용하셨습니다.

❸ 모세의 순종(7:6-7): 모세 80세, 아론 83세. 하나님 명령대로 모세와 아론이 순종하자 열 가지 재앙이 시작됩니다.

2. 지팡이 이적(7:8-13)

모세와 아론의 지팡이와 바로의 마술사들이 행한 지팡이 이적에서, 뱀으로 변한 아론의 지팡이가 마술사들 지팡이를 삼켰습니다. 바로의 미래에 일어날 불길한 운명의 예고편 같습니다. 애굽의 마술사처럼 거짓 선지자들도 표적과 기사를 행할 수 있습니다(마 24:24).

3. 첫 번째 재앙(7:14-25)

바로의 완악함이 열 재앙을 가져왔습니다. 하나님은 모세가 지팡이로 나일강을 치자 나일강과 애굽의 모든 물, 물통과 항아리와 우물까지 피로 변하게 하셨습니다. “애굽 온 땅에 피가 있으리라”(19, 21절). 나일강은 애굽인들에게 신적 존재이며, 식수와 물고기와 농사 등 생명과 삶의 터전이었습니다. 나일강이 피로 변한 첫 번째 재앙은 애굽의 비극적인 미래를 보여주는 표징이었습니다. 그러나 애굽의 마술사도 같은 이적을 행하자, 바로의 마음은 더 완악해졌습니다. 바로의 완악함이 애굽 땅을 피로 채웠습니다.

성경 공부

문제❶ 아론이 애굽에서 바로에게 선포했던 말은 누구의 말입니까? (7:2)

문제❷ 바로의 완악함에서, 하나님의 뜻이 어떻게 이루어질 것입니까? (7:4)

문제❸ 모세와 아론은 몇 세에 바로에게 나아갔습니까? (7:7)

문제❹ 애굽에 임한 첫 번째 재앙은? (7:17~18)

문제❺ 하나님의 첫 번째 경고가, 애굽 땅에 이루어졌습니까? (7:20~22)

오늘의 묵상

하나님의 예언대로 행동하는 바로의 모습을 보면서, 모든것을 섭리하시는 주권이 하나님께 있음을 기억해야 합니다. 그리고 불순종은 점점 더 심각한 문제를 불러온다는 사실도 알아야 합니다.

오늘의 적용

지금 하나님의 주권에 맡겨야 하는 것이 있다면, 적어보십시오.

오늘의 기도

제 마음과 태도가 늘 하나님 앞에서 완고하지 않겠습니다.

출·애·굽·기

8장

본문 소개

열 재앙의 목적은 하나님이 어떤 분이신가를 알리는데 있습니다. "내 이름이 온 천하에 전파되게 하려 함이라" 하나님 선교를 위한 목적이 있습니다. 열 재앙을 통해 이스라엘을 해방 시킬 뿐 아니라, 하나님의 이름이 온 땅에 선포되게 하셨습니다. 하나님은 온 천하의 창조주이시며 주권자십니다.

1. 둘째 재앙(8:1-15)

개구리 재앙은 사람을 죽이지는 않지만, 지저분한 환경을 만들어 내고 악취에 시달리게 합니다.

❶ 개구리로 치리라(8:1-7): 애굽인이 섬기던 신들 중에 개구리 모양을 한 여신 헥트(Heqt)를 다산의 신으로 숭배했습니다. 개구리가 애굽과 바로의 궁과 그릇에 가득했습니다. 애굽 마술사들이 따라하다가 개구리가 두 배가 되었습니다.

❷ 바로의 요청(8:8-15): 바로가 여호와의 이름을 처음 언급하며 기도해 줄 것을 요구했습니다. "내가 이 백성을 보내리니 그들이 여호와께 제사를 드릴 것이니라." 모세는 하나님이 행하시는 일임을 증명하려고 바로에게 "내일"이라는 시간을 정했습니다. 모세가 기도하자 개구리 떼가 사라졌습니다.

2. 셋째 재앙(8:16-19)

이, 모기는 해충입니다. 재앙은 어떤 요구도 경고도 없이 시행되었습니다. 둘째 재앙은 바로가 하나님께 거짓말한 것에 대한 심판이었습니다. 아론이 지팡이로 땅의 티끌을 치자 다 이가 되어 사람과 가축을 괴롭혔습니다. 티끌은 사람의 종말을 상징합니다. 애굽 마술사들은 더 이상 흉내 내지 못하고 "이는 하나님의 권능입니다"라고 인정했습니다.

3. 넷째 재앙(8:20-32)

파리 재앙으로 인해 그 땅이 황폐해졌습니다(24절). 하나님이 직접 파리 떼를 보내셨습니다.

❶ 나일 강에서(8:20-21): 하나님은 바로에게 "내 백성을 보내라, 나를 예배하게 하라" 명령하셨지만, 바로는 거절했습니다.

❷ 구별의 표징(8:22-24): 여기서부터 이스라엘 백성은 모든 재앙에서 구별됩니다. 재앙은 점점 더 파괴적이 될 것입니다.

❸ 바로의 타협(8:25-32): 바로는 "이 땅에서 하나님을 예배하라"고 제안했습니다. 바로가 거절할 수 없도록 모세가 설명하자 바로는 "너무 멀리는 가지 말라"고 타협했습니다. 그러나 파리 떼가 사라지자, 바로의 마음은 다시 완악해졌습니다.

성경 공부

문제❶ 애굽 땅에 내린 둘째 재앙은? (8:2)

문제❷ 세 번째 재앙은? (8:16)

문제❸ 네 번째 재앙은? (8:24)

문제❹ 바로와 애굽이, 하나님의 재앙에서 벗어나는 유일한 길은? (8:21)

문제❺ 기도요청을 하는 바로의 태도에 대해 느낀 점은? (8:28~32)

오늘의 묵상

순종할 마음은 없이 단지 위기를 모면하기 위해서, 혹은 자신의 믿음을 과시하기 위해서 기도를 부탁하지는 않습니까? 너무 늦게 회개하면 결국 다 잃게 됨을 깨달아야 합니다.

오늘의 적용

요즘 내가 하나님을 향해 쓸모없는 고집을 부리는 것은 없습니까?

오늘의 기도

하나님께 고집부리지 않겠습니다. 더 순종하겠습니다.

출· 애· 굽· 기

9장

본문 소개

하나님은 바로에게 "내 백성을 보내라 그들이 나를 섬길 것이니라" 요구하셨습니다. 출애굽의 목적은 하나님을 예배하고 섬기는 백성으로 세우는 것에 있습니다. 하나님은 애굽 재앙을 통해 하나님의 이름을 온 천하에 알리시기 원하셨습니다.

1. 다섯째 재앙(9:1-7)

애굽에 있는 모든 가축이 심한 악질로 죽었지만 이스라엘은 재앙에서 제외되었습니다.

❶ 하루 전 경고(9:1-5): 하루 전에 애굽에 있는 모든 가축 떼가 심한 돌림병으로 죽을 것을 바로에게 경고했지만, 바로는 하나님의 요구를 거절하고 이스라엘 백성을 외면하고 있었습니다.

❷ 이스라엘 가축(9:6-7): 바로는 이스라엘 가축 떼를 확인하고 하나도 죽지 않았음을 알게 됩니다. '여호와의 손'은 심판과 재앙의 손입니다. 인간의 죄로 인해 동물들이 희생을 당합니다.

2. 여섯째 재앙(9:8-12)

바로가 이스라엘 백성을 보내지 않는다면 애굽은 땅과 가축에 이어 계속 파괴될 것입니다.

❶ 화덕의 재(9:8-9): 사람과 가축 온몸에 생겨난 악한 독종은 사람에게 직접 고통을 주는 재앙이었습니다. 모세와 아론이 두 움큼의 재를 하늘에 뿌렸더니 악성 종기가 퍼졌습니다.

❷ 마술사(9:11-12): 악성 종기가 마술사부터 희생자로 만들었습니다. 티끌과 독종은 하나님 심판을 상징합니다.

3. 일곱째 재앙(9:13-35)

일곱째부터 상세한 이야기기와 함께 애굽 안에서 하나님을 경외하는 자들이 나타납니다.

❶ 재앙 예고(9:13-21): 하나님은 바로와 재앙을 통해 하나님의 능력을 보이고, 하나님 이름이 온 천하에 전파되게 하시길 원하셨습니다(14-16절). 애굽 사람들 중에 말씀을 두려워하는 사람들은 우박 재앙 소식에 종과 가축을 집으로 피신시켰습니다.

❷ 재앙 진행(9:22-26): 우박 재앙은 애굽에서 본 적이 없는 것으로 불덩이가 함께 내렸지만, 고센 땅에는 우박이 없었습니다.

❸ 바로의 반응(9:27-35): 하나님의 계획은 온 세상을 향한 것이었습니다. 바로는 놀라운 고백을 했습니다. "내가 범죄 하였노라. 여호와는 의로우시고 나와 내 백성은 악하도다." 모세가 바로가 요구한 대로 기도하자, 우박이 그쳤습니다. 우박이 그치자, 바로와 신하들은 다시 범죄하고 마음이 완악해졌습니다

성경 공부

문제❶ 다섯 번째 재앙인 가축 죽음에 바로가 보인 반응은? (9:7)

문제❷ 재앙을 통해 하나님께서 말씀하시는 것은? (9:14, 16)

문제❸ 일곱 번째 우박 재앙을 피하는 방법은? (9:19)

문제❹ 재앙이 온 애굽에 임했지만 안전했던 이스라엘 거주지는? (9:26)

문제❺ 우박 재앙 후, 바로가 모세와 아론을 불러 고백한 것은? (9:27)

오늘의 묵상

하나님은 당신을 믿고 따르는 백성들은 끝까지 구원하심을 보게 됩니다. 그러나 분별력 없는 무지한 지도자의 그릇된 행동이 모든 백성을 죄악의 길로 고통의 길로 인도함을 봅니다. 그 악함은 점점 더 깊은 고통으로 몰아갑니다.

오늘의 적용

하나님 경고에도 돌이키지 못하는 죄는 없습니까?

오늘의 기도

주님! 저의 ______________________ 회개하고 돌이킵니다.

출·애·굽·기

10장

본문 소개

“너희는 내가 여호와인줄 알리라” 하나님께서 바로와 신하들의 마음을 완악하게 하셨습니다. 바로의 마음이 완강하다는 말이 재앙마다 반복되었지만 조금씩 변화가 일어나고 있습니다. 비록 거짓 고백이었지만 자신의 범죄를 인정하기도 했습니다. 여덟째 재앙에서도 바로는 자신의 죄를 고백하고 있습니다.

1. 여덟째 재앙(10:1-20)

애굽에 내린 재앙 속에서 하나님이 어떻게 자기 백성을 돌보시고 구원하셨는지 이스라엘 다음 세대에게 하나님이 하신 일에 대해 전달되길 원하셨습니다.

❶ 재앙의 시작(10:1-11): 바로는 교만하고(9:17), 겸손하지 않았습니다(3절). 하나님은 메뚜기 재앙을 경고하셨습니다. 바로의 신하들이 바로를 설득하여 이스라엘 백성을 내보낼 것을 권유했습니다(7절). 바로는 ‘여자와 자녀들은 두고 남자만 가서 예배하라’고 말한 후, 모세와 아론을 쫓아냈습니다. 사탄은 오늘도 주님을 믿고 구원받지 못하도록 방해하고 있습니다.

❷ 재앙의 전개(10:12-15): 모세가 팔을 내밀자 메뚜기 떼 재앙이 임했습니다. 메뚜기 떼가 온 땅을 뒤덮자, 나무와 채소와 푸른 것은

하나도 남지 못했습니다. 애굽 땅은 파멸했습니다.

❸ 바로의 고백(10:16-20): 바로가 모세를 불러 자신의 죄를 다시 고백했습니다. "나의 죄를 용서하고 이 죽음만은 내게서 떠나게 하라" 하나님은 모세의 기도를 들으시고 서풍으로 메뚜기 떼를 사라지게 하셨지만, 바로는 여전히 교만했습니다.

2. 아홉째 재앙(10:21-28)

여섯째 재앙처럼 아홉째 재앙도 하나님의 직접적인 명령으로 시작되었습니다. 어둠의 재앙은 쉬지 않고 삼일 동안 계속되었습니다. 우박, 메뚜기, 깜깜한 흑암은 모두 하나님 심판을 상징하는 파멸의 도구들입니다.

❶ 캄캄한 흑암(10:21-23): 고대인들은 밤에 외출하지 않았습니다. 애굽의 어둠은 공포였지만 고센 땅엔 빛이 있었습니다.

❷ 바로의 제안(10:24-29): 애굽인은 바로를 태양신의 아들로 숭배했습니다. 바로는 모세를 불러 다시 조건을 붙였습니다. 이번엔 짐승은 남겨두고 갈 것을 요구했습니다. 모세는 하나님께 제물을 드리기 위해 가축이 필요하다고 항변했습니다. 바로는 분노하며 '내 얼굴을 보는 날에 죽으리라' 소리 질렀습니다.

성경 공부

문제❶ 하나님께서 표징을 나타내시는 이유는? (10:2)

문제❷ 여덟 번째 메뚜기 재앙에 놀란 바로 신하들의 반응은? (10:7)

문제❸ 바로가 장정들만 가서 여호와를 섬기라고 말한 까닭은? (10:11)

문제❹ 아홉 번째 흑암 재앙입니다. 빛의 자녀는 어떠해야 합니까? (10:25~26)

문제❺ 재앙 후, 하나님이 바로의 마음을 완악하게 하신 이유는? (10:27)

오늘의 묵상

바로 왕 같이 계속되는 악한 고집은 더 큰 심판을 가져오게 만듭니다. 하나님을 전적으로 신뢰하는 모세처럼 주의 자녀는 큰 믿음으로 당당히 어두움의 세력과 맞서 싸워야 합니다.

오늘의 적용

하나님을 기만하는 내 신앙 태도는 없습니까?

오늘의 기도

하나님을 기만했던 제 악한 행동을 회개합니다. 용서해 주옵소서.

출 · 애 · 굽 · 기

11장

본문 소개

이제 한 가지 재앙이 남았습니다. 하나님께서 아브라함에게 '그의 자손이 애굽에서 종이 되어 400년 동안 괴로움을 받은 후에 그 나라를 치고 백성을 해방시켜 약속의 땅으로 인도하시겠다는 약속'(창 15:13-14)을 이제 이루실 때가 되었습니다. 열 번째 재앙은 하나님이 바로를 굴복시키고 애굽의 손에서 건져내시는 해방의 사건일 뿐 아니라, 이스라엘이 하나님 백성 공동체로 거듭나는 하나님 구속사의 시작이기도 합니다.

1. 재앙의 축복(11:1-3)

아홉째 재앙에서 바로는 모세에게 더 이상 협상하지 않겠다고 선언하고 돌아섰습니다.

❶ 한 가지 재앙(11:1): 열 번째 재앙이 바로를 항복시키고 이스라엘 백성을 내쫓게 될 것을 말씀하셨습니다. 바로가 이스라엘 한 사람도 남기지 않은 채로 내쫓을 것입니다(3:19, 6:1).

❷ 큰 은혜(11:2-3a): 이스라엘 백성은 애굽 사람들에게 은과 금으로 된 패물을 얻게 되었습니다(3:21-22, 12:35-36).

❸ 모세(11:3b): 이스라엘 백성만 큰 은혜를 받은 것이 아니라 모세도 바로의 신하와 백성들에게 위대한 자가 되었습니다. 마음을 완악하게 하셨던 하나님이 부드러운 마음을 주셨습니다.

2. 마지막 재앙(11:4-8)

하나님이 바로에게 애굽 땅에 임할 가장 비참한 마지막 재앙에 대해 선포하셨습니다.

❶ 하나님의 재앙(11:4-6): 하나님이 한밤중에 애굽 한 복판으로 들어가셔서 인간과 짐승의 처음 난 것, 가장 천한 것에서부터 가장 고귀한 것에 이르기까지 죽이실 것을 경고하셨습니다. 애굽의 역사에서 그 유례를 찾을 수 없는 큰 곡성(체에카)이 있을 것입니다. 이스라엘 백성이 애굽에서 종살이할 때 부르짖었던 것처럼 이제는 애굽 사람들이 크게 통곡하게 될 것입니다.

❷ 하나님의 보호(11:7): 하나님은 애굽 사람과 하나님 백성을 구별하셔서 누가 하나님의 백성인지 보여주셨습니다.

❸ 하나님의 심판(11:8): 애굽의 왕과 신하가 모세에게 절하고 나가 달라고 간청한 후에야 떠나겠다고 말했습니다.

3. 바로의 교만(11:9-10)

바로는 끝까지 모세의 말을 듣지 않았습니다. 바로의 완고함이 마지막 재앙의 무대가 되었습니다. 지금까지 재앙은 오늘을 위한 과정이었습니다.

성경 공부

문제❶ 바로가 언제 이스라엘 백성을 내보낼 것이라고 말씀하십니까? (11:1)

문제❷ 여호와께서 죽이시기로 말씀하신 범위는 어디까지입니까? (11:5)

문제❸ 애굽과 달리 이스라엘의 장자는 죽임을 면하였습니다. 그 이유는?(11:7)

문제❹ 여호와가 “나의 기적을 더하리라”고 하셨는데, 무엇입니까? (11:9)

오늘의 묵상

이스라엘 백성들이 애굽에서 나올 때 많은 은금을 가지고 나올 수 있었습니다. 이 사건은 창세기 15장 14절의 여호와께서 아브라함과 약속하신 약속의 성취임을 알 수 있습니다. 수백 년이 흘렀지만 여호와께서는 그분이 약속하신 말씀을 기어코 성취하심을 알 수 있습니다. 그 신실하신 하나님을 오늘도 신뢰하면 승리합니다.

오늘의 적용

하나님께서, 내게 참으시고 인내하고 계신다고 생각하지 않습니까? 왜?

오늘의 기도

주님 약속을 끝까지 놓지 않고 붙잡겠습니다.

출· 애· 굽· 기

12장

본문 소개

12-15장은 마지막 재앙과 유월절, 홍해를 건넌 후 하나님을 찬양하는 과정을 담았습니다. "하나님께서 우리를 구원하셨다" 유월절은 하나님이 이스라엘을 애굽에서 구원하신 구원 행위와 함께, 예수님의 죽음과 주의 만찬을 상징하고 있습니다.

1. 유월절(12:1-14)

유월절과 무교절을 제정하시고 영원히 지키도록 명령하셨습니다. '지키다'를 7번 반복하셨습니다.

❶ 1월 14일이 유월절입니다. 각 가정은 1월 10일에 어린 양을 준비했습니다. 한 마리를 여러 사람이 먹도록 하셨습니다.

❷ 1월 14일, 해질 무렵 어린 양을 잡고 그 피를 문설주에 발랐습니다. 죽음의 사자가 피를 보고 넘어갔습니다(12-13절).

❸ 어린 양은 통째로 불에 구워서 먹었습니다. 무교병과 쓴 나물과 함께 발에 신을 신고, 지팡이를 들고 먹었습니다.

2. 무교절(12:15-20)

유월절 다음 날부터 일주일 동안 무교병(누룩 없는 빵)을 먹으며 무교절을 지켰습니다.

❶ 첫째 날과 마지막 날은 성회로 모이고 아무 노동도 할 수 없습니다. 성회는 공동체 예배의 날입니다.

❷ 일주일 동안 무교병을 먹고 집에서 누룩이 발견되지 않게 해야 합니다. 누룩 없는 빵은 정결과 거룩을 상징합니다.

3. 첫 번째 유월절(12:21-28)

이스라엘 백성들은 유월절 양을 잡고 우슬초 묶음으로 어린 양의 피를 문설주에 발랐습니다. 한 사람도 집 밖으로 나갈 수 없습니다. 죽음의 사자가 문설주 피를 보고 넘어감으로 구원받을 수 있기 때문입니다.

4. 열 번째 재앙(12:29-36)

여호와께서 한밤중에 바로의 장자로부터 가축의 처음 난 것을 다 치셨습니다. 바로는 모세와 아론을 불러 이스라엘 백성을 속히 떠나보냈습니다.

5. 출애굽의 밤(12:37-51)

이스라엘 자손이 애굽에 거주한지 430년 만에 해방되었습니다. 보행하는 장정이 60만이 넘었습니다. 이스라엘을 구원하신 '여호와의 밤, 유월절의 밤, 주께서 돌보신 밤'은 대대로 지킬 규례가 되었습니다. 모세는 다시 유월절 규례를 가르쳤습니다(12:43-51). 유월절 고기를 먹으려면 할례 받은 사람만 먹을 수 있습니다. 어린 양의 뼈는 하나도 꺾지 못하고, 고기는 집 안에서만 먹어야 합니다.

성경 공부

문제❶ 유월절 어린 양의 조건은? (12:5)

문제❷ 그 어린 양의 피를 어디에 바르라고 명하셨습니까? (12:7)

문제❸ 유월절 어린 양의 피를 문설주에 바른 이유는? (12:23)

문제❹ 출애굽 당시 이스라엘 사람 중, 장정만 몇 명이었습니까? (12:37)

문제❺ 이스라엘 백성이 애굽에 거주한 지 몇 년 만에 출애굽 합니까? (12:40~41)

오늘의 묵상

무려 430년이라는 오랜 시간을 애굽에 거주하면서, 이스라엘 백성이 이집트 신앙에 익숙해져 있었을지도 모릅니다. 그래서 하나님께서는 이스라엘 백성들이 어려서부터 접한 애굽의 신을 무력화시켜 가면서 그들이 우상을 섬기는 것이 얼마나 무의미한 것인지를 그들에게 가르치셔야만 했습니다. 하나님은 이스라엘과 함께 하시면서 그분 자신만이 진정으로 살아계시며, 다스리시는 능력의 창조주 하나님이심을 보여주십니다.

오늘의 적용

내게는 예수님의 십자가 보혈의 흔적이 있습니까? 써 보십시오.

오늘의 기도

저의 죄를 위해 십자가에서 대속의 죽음으로 구원해 주신 것 감사합니다.

출·애·굽·기

13장

본문 소개

애굽의 바로가 히브리 남자 아이 살해 정책으로 유대인을 대량학살 하려다가 열 번째 장자 죽음 재앙으로 애굽은 죽은 자처럼 되었습니다. 유월절을 통해 구원받은 이스라엘 백성은 '유월절과 무교절 규례(12장), 장자 봉헌 규례(13장)'를 잘 알아야 합니다. 유월절 구원에 대한 바른 지식을 주셨습니다.

1. 초태생 봉헌 규례(13:1-2)

하나님께서 이스라엘을 위해 어떤 일을 행하셨는지 기억하고 하나님이 원하시는 것을 하나님께 드려야 합니다. 마지막 장자 죽음 재앙에서 유월절 어린양의 피로 살아난 초태생은 하나님의 소유로 바쳤습니다.

2. 무교절 규례(13:3-10)

강한 손으로 애굽에서 구원하신 하나님을 기념하여 무교절을 지키도록 명령하셨습니다. 가나안 땅에 들어간 후에 무교절을 지켜 일주일 동안 무교병을 먹어야 합니다. 누룩은 죄와 교만과 탐욕의 영향력을 상징합니다(고전 5:6-8). 그리스도인은 날마다 주님을 닮아야 합니다.

3. 초태생 규례(13:11-16)

한 가정의 첫 자녀는 특별한 지위와 상속권을 가졌습니다. 짐승과 수확물의 첫 열매는 따로 구별되었습니다. 초태생은 하나님의 소유로 선언되었습니다.

❶ 구원에 대한 감사(13:11-13): 하나님은 우리를 값 주고 사셨습니다. 우리는 하나님의 소유된 백성들입니다. 가축의 초태생도 하나님 소유입니다. 나귀는 어린 양으로 대신했습니다.

❷ 구원과 대속 원리(13:14-16): 애굽에 쏟아진 마지막 죽음 재앙에서 초태생 봉헌 신학이 만들어졌습니다. 애굽의 초태생이 죽었을 때 이스라엘 초태생은 어린양으로 대속 되었습니다. 그리스도가 죽으심으로 우리를 살리셨으므로 우리도 주님의 소유가 되었습니다(롬 13:7-9). 소유권은 주님께 있습니다.

4. 구름 기둥 불기둥(13:17-22)

하나님이 이스라엘 백성을 인도하셨습니다. 하나님은 애굽인들이 가나안으로 가는 짧은 여행길을 거부하시고 홍해 광야 길로 인도하셨습니다.

❶ 모세는 요셉의 유골을 가지고 나왔습니다(18절).

❷ 하나님께서 이스라엘 백성 앞서가시며 구름 기둥과 불기둥으로 인도하셨습니다. 하나님의 임재를 가시적으로 보여주셨습니다. 하나님은 안전하게 보호하시고 친히 인도하셨습니다.

성경 공부

문제❶ 여호와께서 무교 절기를 언제부터 지키라고 명하십니까? (13:4~5)

문제❷ 무교절 동안 보이지 않게 해야 하는 것은? (13:7)

문제❸ 무교 절기를 누구에게 알려야 합니까? 그래야 하는 이유는? (13:8)

문제❹ 모세는 애굽 땅에서 나올 때 누구의 유골을 가지고 나왔습니까? (13:19)

문제❺ 광야에서 하나님은 어떻게 이스라엘 백성을 인도하셨습니까? (13:21)

오늘의 묵상

여호와 하나님께서는 이스라엘 백성들에게 출애굽 사건을 자녀들에게 대대로 가르쳐 지키게 하라고 명령하십니다. 이는 오늘을 사는 그리스도인들도 자녀들과 후손들에게 하나님을 사랑하는 것을 잊지 않도록 가르쳐야 함을 교훈하시는 것입니다. 구원의 하나님, 언약을 성취하시는 하나님, 끝까지 동행하시는 하나님을 묵상하며, 오늘도 주님과 동행하길 바랍니다.

오늘의 적용

주님이 지금 내게 당부하시는 것이 있습니까? 무엇입니까?

오늘의 기도

제가 하나님의 소유임을 인정합니다. 받으시옵소서.

출 · 애 · 굽 · 기

14장

본문 소개

하나님이 가나안으로 가는 짧은 길을 두고 홍해를 향해 광야로 가는 이유가 있었습니다. 바로로 하여금 이스라엘을 추격해 오도록 유인하시고(14:3), 애굽과 바로의 군대를 바다에서 전멸시키셔서 애굽 사람들에게 하나님이 누구이신가를 알게 하셨습니다(14:4). 이스라엘 백성은 홍해를 건넘으로 애굽에서 구원받았으며 바다에서 침례를 받고 하나님의 언약 백성이 되었습니다.

1. 바로의 추격(14:1-14)

홍해를 건너는 하나님의 계획은 포괄적입니다. 바로와 그 군대로 인해 이스라엘의 하나님이 온 땅의 주인이심을 알도록 극대화시키셨습니다.

❶ 바로의 완악함(14:1-8): 바로는 선발된 병거 육백 대와 애굽의 모든 병거와 군대를 이끌고 모세를 추격했습니다.

❷ 백성들의 두려움(14:9-12): 바로와 군대를 보고 이스라엘 백성은 크게 두려워하여 하나님께 부르짖고, 모세를 향하여 원망했습니다. 이스라엘 백성의 불평 중에 첫 번째 불평이었습니다. 그들은 다시 바로의 노예가 되기를 원했습니다.

❸ 모세의 격려(14:13-14): “가만히 있으라(침묵하라) 여호와께서 너희

를 위하여 싸우시리라" 하나님은 전쟁에 능하신 분이시며 이스라엘을 친히 구원하시는 분이십니다.

2. 홍해 도하(14:15-31)

하나님의 위대한 구원 이야기가 홍해에서 펼쳐졌습니다. 이스라엘 백성은 바다를 마른 땅처럼 건넜으며 바로와 애굽 군대는 바다에서 전멸했습니다.

❶ 하나님의 지시(14:15-20): 모세가 지팡이를 든 팔을 바다 위로 펼치면 바다가 갈라지고 이스라엘 자손이 마른 땅으로 행진하고 바로와 군대는 바다에서 전멸될 것을 말씀하셨습니다. 바로의 군대가 따라오지 못하도록 구름 기둥이 막았습니다.

❷ 홍해 도하(14:21-25): 모세가 바다 위로 손을 내밀자, 하나님이 밤새도록 큰 동풍이 불게 하여 바다는 마른 땅이 되고 이스라엘 백성이 홍해 바다를 육지처럼 건넜습니다. 백성들이 다 건널 때까지 하나님께서 애굽 군대와 병거를 가로 막고 계셨습니다.

❸ 애굽 군대(14:26-31): 모세가 손을 내밀자, 바다가 다시 흐르고 마른 땅은 없어졌습니다. 히브리 남자아이를 나일강에 던졌던 애굽의 바로와 군대는 바다에서 시체가 되었습니다.

성경 공부

문제❶ 바로를 완악하게 하사 군대를 보내게 하신 하나님의 의도는? (14:4, 18)

문제❷ 바로 왕은 왜 이스라엘을 뒤쫓았습니까? (14:5)

문제❸ 애굽 군대를 보고 두려워하는 이스라엘을 향한 모세의 외침은? (14:13)

문제❹ 초자연적인 기적을 본 이스라엘 백성들의 반응은? (14:31)

문제❺ 홍해를 건넌 사건을, 침례라고 신약에서 말씀하는 이유는? (고전 10:2)

오늘의 묵상

사랑과 공의의 하나님을 보게 됩니다. 믿고 순종하는 자에겐 푸근한 아버지로서 보호하시고 인도하시는 하나님이시지만, 반면 대적하는 자에겐 무서운 심판의 징계를 내리시는 공의의 하나님을 묵상하게 됩니다.

오늘의 적용

내 삶에 홍해처럼 하나님이 가르셨으면 하는 기적이 필요한 곳은?

오늘의 기도

주님, 가로막고 있는 ______________________ 열어 주실 것을 믿습니다.

출·애·굽·기

15장

본문 소개

애굽에서 구원해 주신 하나님께 찬양과 감사를 드리는 두 개의 노래를 불렀습니다. 이스라엘을 구원하신 하나님의 위대하신 구원을 찬송한 15장은 '모세와 미라암의 노래'로 알려졌지만, 유대인들은 '바다의 노래'라고 불렀습니다. 모세와 미리암의 노래가 끝나면 이스라엘 광야 생활이 시작됩니다.

1. 모세의 노래(15:1-18)

하나님은 애굽의 바로와 그의 압제에서 구원하시고 가나안 땅으로 인도하시는 분이십니다.

❶ 하나님의 승리(15:1-10): 하나님은 위대한 용사이시며 큰 구원자이십니다. 애굽의 바로와 병거와 군대를 바다에 던지심으로 원수를 부수고 주의 오른손으로 권능을 보이셨습니다.

❷ 하나님의 영광(15:11-13): 모든 신들 중에 가장 거룩하시며 영광스러우신 하나님께서 이스라엘 백성을 구속하시고, 하나님의 거룩하신 처소로 인도하시는 분이심을 찬송했습니다.

❸ 하나님의 통치(15:14-16): 애굽에서 자기 백성을 해방시키신 하나님이 가나안 땅을 기업으로 주시는 분이십니다. 블레셋, 에돔, 모압, 가나안 땅이 이미 낙담하고 있습니다.

❹ 하나님의 인도(15:17-18): 이스라엘이 광야를 지나려면 에돔 - 모압 - 가나안으로 가야합니다. 하나님이 백성들을 인도하시고 주의 기업의 땅에 정착하게 하실 것을 감사했습니다.

2. 미리암의 노래(15:19-21)

모세의 찬양이 공동체의 찬양이 되었습니다. 하나님께서 이스라엘 백성을 바다 가운데 마른 땅을 건너게 하셨지만, 애굽 군대는 바다를 건너지 못하게 하셨습니다. 여선지자 미리암이 여인들과 소고를 치고 춤추며 애굽 군대를 바다에 던지신 하나님의 위대하심을 찬송했습니다.

3. 광야 생활 시작(15:22-27)

홍해를 건넌 이스라엘 백성을, 광야를 지나 시내 산으로 인도하셨습니다.

❶ 마라(15:22-26): 노래하고 춤추던 백성들이 모세를 원망했습니다. 광야는 애굽도 아니고 가나안도 아닌 메마른 땅입니다. 하나님은 쓴 물을 단물로 바꾸어 주시면서 하나님이 주신 법도와 율례를 지키면 '치료하시는 여호와'가 되시겠다고 하셨습니다.

❷ 엘림(15:27): 마라와 엘림은 쓴 물이 있는 광야와 젖과 꿀이 흐르는 가나안 땅을 대조적으로 보여주는 여정이었습니다.

성경 공부

문제❶ 1~18절까지의 찬송 시에서 느끼는 하나님을 고백해 보십시오.

문제❷ 노래는, 수장된 애굽 군대를 어떻게 묘사합니까? (15:5, 7, 10)

문제❸ 홍해 이후, 이스라엘이 광야에서 만난 첫 번째 어려움은? (15:22)

문제❹ 하나님은 이스라엘 백성에게 무엇을 약속하십니까? (15:26)

문제❺ 마라의 쓴 물 사건에서 나타난 하나님 이름의 의미는? (15:26)

오늘의 묵상

모세와 온 백성은 구원자이신 하나님을 찬양하였고, 미리암 역시 소고와 악기로 화답하였습니다. 우리 하나님은 찬양받으시기에 합당하신 여호와이십니다. 그 분 앞에서 그분께 우리의 입으로 즐겁게 찬송합시다.

오늘의 적용

나의 실수와 잘못임에도 도리어 하나님을 원망하고 있지 않습니까?

오늘의 기도

모세와 미리암처럼, 주님이 제게 베푸신 사랑과 은혜를 찬송합니다.

출·애·굽·기

16장

본문 소개

시내 산으로 가는 광야 길은 원망의 길이었습니다. 광야는 선택의 땅입니다. 다시 애굽으로 돌아갈 것인가, 아니면 하나님의 인도하심을 따라 가나안으로 갈 것인가를 결정하는 장소입니다. 이스라엘 백성은 계속 원망하면서 광야를 지나갔습니다. 홍해에서 시작된 원망이 마라와 신 광야까지 이어졌습니다.

1. 식량과 신앙(16:1-12)

출애굽 45일째, 이스라엘 백성이 엘림과 시내 산 사이 신 광야에 도착했습니다.

❶ 백성들의 원망(16:2-3): 굶주림에 지친 백성들이 애굽의 노예 시절을 동경하며 모세와 아론을 원망했습니다.

❷ 하나님의 응답(16:4-5): 백성들의 원망을 들으시고 하나님은 하늘의 양식을 주시기로 하셨습니다. 하늘의 양식엔 '순종 시험'을 요구하셨습니다. 마라에서도 순종 시험이 있었습니다. 하늘의 양식은 매일 거두어야 하고 여섯째 날에 갑절을 주셨습니다.

❸ 모세가 전한 메시지(16:6-8): 저녁에 고기를 먹이셔서 하나님이 인도하셨음을 알게 하고, 아침에 떡으로 배부르게 하셔서 하나님 영광을 보게 하실 것을 백성에게 전했습니다. 모세와 아론에 대한

원망은 하나님께 대한 원망이었습니다.

❹ 하나님의 임재(16:9-12): 하나님이 백성들의 불평을 들으시고(4번 강조) 백성들에게 식량을 주시기 위해 구름 속에 나타나셨습니다. 식량 제공자가 하나님이심을 알게 하셨습니다.

2. 만나와 메추라기(16:13-20)

저녁에 메추라기를 먹고 아침에 만나를 먹었습니다. "이것이 무엇이냐?" '만후'라는 말에서 '만나'가 되었습니다. 만나는 하루치만 허락되고 다음 날을 위해 남겨둘 수 없습니다. 식량은 신앙입니다. 하나님이 주실 것을 믿고 '한 오멜(2.4리터)' 하루 양식만 가져올 수 있습니다.

3. 만나와 안식일(16:21-30)

만나는 안식일에 내리지 않았습니다. 여섯째 날에 갑절을 거두게 하셨습니다. 하나님은 만나 식량을 통해 안식일 신앙을 가르치시고 훈련하셨습니다.

4. 만나와 법궤(16:31-36)

만나는 젖과 꿀이 흐르는 가나안 땅에 이를 때까지 계속해서 이스라엘에게 주셨습니다. 하나님은 모세에게 후손을 위해 만나를 항아리에 넣어 증거 판 앞에 보관하게 하셔서 식량을 통해 신앙을 가르치셨습니다.

성경 공부

문제❶ 온 회중이 모세와 아론을 원망한 이유는? (16:3)

문제❷ 원망하는 그들을 향해 모세가 했던 책망은? (16:8)

문제❸ 여호와께서 이스라엘에게 주신 양식은? (16:13, 14, 31)

문제❹ 평일과 안식일에 만나를 거두는 양은? 두 날의 차이 이유는?(16:16, 22)

문제❺ 만나를 항아리에 담아 여호와 앞에 두게 한 이유는? (16:32)

오늘의 묵상

만나를 주시듯 육의 양식도 채우시는 하나님을 묵상하고, 우리의 영원한 생명 양식되신 예수 그리스도를 묵상하십시오. 자신을 주시어 인류의 영원한 생명이 되신 하나님의 사랑을 찬양합니다.

오늘의 적용

하나님의 공급이 필요한 것이 있습니까? 무엇입니까?

오늘의 기도

오늘도 일용한 양식 ____________________을 구합니다. 감사합니다.

출 · 애 · 굽 · 기

17장

본문 소개

이스라엘 백성은 광야에서 한 번 더 원망합니다. 하나님의 인도하심에도 불구하고 백성들은 계속해서 불평과 원망을 하지만 하나님은 놀라운 은총으로 백성들을 돌보셨습니다. 르비딤은 시내 산에서 매우 가까운 곳으로 두 가지 사건이 르비딤에서 일어났습니다. 르비딤은 '쉬는 곳'이란 뜻으로 이스라엘이 다투던 곳이며 아말렉과 전쟁하여 승리한 장소였습니다.

1. 하나님을 시험하다(17:1-7)

이스라엘은 하나님의 명령대로, 하나님 인도하심을 따라 르비딤에 장막을 쳤습니다. 백성들은 그들을 인도하신 하나님이 그들의 필요를 채우실 것을 믿지 못했습니다. "여호와께서 우리 가운데 계시는가 안 계시는가"(7절) 이 질문은 하나님께 수치와 모멸감을 안겨주었지만, 하나님은 이스라엘 백성에게 분노하지 않으셨습니다.

❶ 다툼과 시험(17:2-3): 백성들은 모세와 다투고 하나님을 시험했습니다. 시험은 하나님께 증거를 요구하는 것을 의미합니다. 하나님을 자극하고 하나님이 정말 존재하시는지, 하나님이 물을 주시도록 하나님을 조종하고 통제하려는 악한 행동입니다.

❷ 맛사와 므리바(17:4-7): 죽음의 위기를 느낀 모세가 기도하자 하나

님께서 호렙산에 나타나셨습니다. 하나님이 친히 호렙산 반석 앞에 서 계시고 모세가 지팡이로 반석을 치자 물이 터져 나왔습니다. 만나와 반석의 물을 하나님이 주셨습니다. 맛사는 '시험하다' 므리바는 '다투다'는 뜻입니다.

2. 여호와 닛시(17:8-16)

이스라엘이 광야를 지나는 동안 아말렉이 비열하게 이스라엘 행진에서 피곤하여 뒤쳐진 백성들을 쳤습니다(신 25:17-19). 하나님은 아말렉이 멸망할 때까지 싸우실 것을 선언하셨으며 여호수아가 처음 등장합니다.

❶ 모세의 손(17:8-12): 모세의 지팡이(5절)에 이어 모세의 손에 승리가 결정되었습니다. 모세가 손을 올리면 이스라엘이 이기고 모세가 손을 내리면 아말렉이 이겼습니다. 하나님이 싸우시도록 아론과 훌이 모세의 손을 붙들고 있었습니다.

❷ 하나님의 승리(17:13-16): 하나님이 주신 승리를 책에 기록하게 하고 여호수아 마음에 새기게 했습니다. 모세는 제단을 쌓고 '여호와는 나의 깃발' '여호와 닛시'라고 불렀습니다.

성경 공부

문제❶ 백성들이 르비딤에서 모세와 다툰 이유는? (17:1~2)

문제❷ 백성들의 원망과 기도하는 모세에게 하나님께서 주신 응답은? (17:5~6)

문제❸ 이스라엘 백성이 르비딤에서 싸우게 된 사람들은? (17:8)

문제❹ 이스라엘과 아말렉 전쟁 승패에 영향을 준 것은? (17:11)

문제❺ 모세가 제단을 쌓고 그 이름을 무엇이라고 불렀습니까? (17:15)

오늘의 묵상

이스라엘 백성은 물이 없을 때 원망하고 다투었지만 모세는 하나님께 기도했습니다. 하나님께서는 모세의 기도를 들으시고 반석에서 물이 나오게 하셨습니다. 또한 아말렉과의 싸움에서도 이스라엘을 승리로 이끈 것은 하나님을 의지한 모세의 기도였습니다. 우리는 삶에서 만나는 문제에 직면할 때, 하나님을 의지하여 기도하는 사람이 되어야 합니다. 그러면 원망과 불평이나 두려움은 점차 사라질 것입니다.

오늘의 적용

요일별 기도 제목을 기록하고, 그것을 위해 매일 기도를 시작해 보십시오.

오늘의 기도

하나님, 힘들 때 불평하지 않고 기도의 무릎을 꿇겠습니다.

출·애·굽·기

18장

본문 소개

모세가 시내 산에 머물고 있을 때 장인 이드로가 모세의 가족을 데리고 방문했습니다. 이드로는 미디안 족속입니다. 아말렉 족속과 달리 미디안 족속은 이스라엘을 환대했습니다. 하나님께서 시내 산에서 율법을 주시기 전에 이드로 방문을 기록한 이유가 있습니다. 출애굽 구원에 대한 이드로의 신앙고백이 율법 공동체가 되는 기본조건이기 때문입니다.

1. 이드로 신앙고백(18:1-12)

모세는 이드로에게 하나님께서 이스라엘을 어떻게 구원하셨는지를 설명했습니다.

❶ 모세의 가족(18:1-5): 이드로가 하나님이 이스라엘에게 하신 일을 듣고 모세의 아내와 두 아들을 데리고 왔습니다. 두 아들의 이름은 모세의 생애를 상징적으로 보여주었습니다.

❷ 모세의 설명(18:6-8): 모세가 장인과 가족을 만나 문안하고 하나님이 이스라엘을 위하여 바로와 애굽에게 행하신 일, 광야에서 당한 고난과 하나님이 구원하신 일에 관해 설명했습니다.

❸ 이드로의 고백(18:9-12): 이드로는 하나님이 이스라엘에게 베푸신 모든 은혜로 인하여 기뻐하고 하나님을 찬송했습니다. 하나님이 자기 백성을 바로와 애굽의 손에게 구원하신 크신 하나님이심을

고백하고 하나님께 제사를 드리고 경배했습니다. 이드로의 행동은 율법이 주어지기 전에 신앙공동체가 가져야 할 기본적 신앙고백을 이스라엘에게 보여주었습니다.

2. 이드로의 조언(18:13-27)

이드로는 출애굽 공동체가 가져야 할 질서에 대해 창의적인 행정 능력을 보여주었습니다.

❶ 모세의 재판(18:13-18): 모세가 혼자 재판을 담당하느라 모세도 백성도 지친 모습이 이드로에게 선하지 않게 보였습니다.

❷ 이드로의 제안(18:19-27): 모세는 하나님 앞에서 공동체를 대표하여 백성들의 관심사를 하나님께 전달하고, 하나님이 원하시는 삶의 방식을 이스라엘 백성들에게 가르쳐야 합니다. 개인의 문제에 대한 하나님 율례와 법도를 알게 하는 일은 천부장, 백부장, 오십부장, 십부장을 세워 감당하도록 했습니다. 그들은 하나님을 두려워하는 순전하고 청렴한 사람이어야 했습니다. 모세는 이드로의 말대로 공동체 질서를 세웠습니다. 어려운 일은 모세가 담당하고 작은 일은 지도자들이 맡았습니다.

성경 공부

문제❶ 모세의 장인 이름은? (18:1)

문제❷ 하나님에 대한 모세의 간증이 이드로에게 어떤 영향을 주었습니까? (18:8~11)

문제❸ 백성의 재판으로 지친 모세에게 장인 이드로의 충고는? (18:21~22)

문제❹ 이드로가 조언하는 백성들의 지도자 자격은? (18:21)

문제❺ 이드로의 충고에 대해 모세가 했던 행동은? (18:24)

오늘의 묵상

하나님께서는 우리가 이웃들을 향해 하나님의 구원을 간증할 때 놀랍게 역사하십니다. 그러므로 하나님은 우리가 입을 열어 우리 믿음을 이웃들에게 고백하길 원하십니다. 살아가면서 신실한 믿음의 사람들의 성경적 조언을 겸손하게 받는 지혜도 필요합니다.

오늘의 적용

하나님의 일을 맡을 지도자의 자격은? 내게는 있습니까?

오늘의 기도

주님이 저를 위해 하신 일들을 찬송합니다.

출 · 애 · 굽 · 기

19장

본문 소개

이스라엘 백성이 시내 산에 머물면서 하나님과 시내 산 언약을 맺었습니다(19:1-24:18). “우리로 항상 복을 누리게 하기 위하심이며”(신 6:24). 하나님의 계획은 하나님의 백성을 복되게 하는 것이 최고의 목표입니다. 이스라엘을 복되게 하시기 위해 율법과 성막을 주셔서 언약 백성이 되게 하셨습니다.

1. 시내 산 언약(19:1-8)

이스라엘 백성은 시내 산에서 11개월을 보냅니다. 애굽에서 구원받은 백성과 맺은 시내 산 언약은 아브라함 언약이 확대된 특별한 언약입니다.

❶ 언약의 내용(19:3-6): 출애굽 삼 개월에 시내 산에 장막을 쳤습니다. 하나님이 모세를 부르셨습니다. 하나님은 이스라엘 백성을 독수리 날개로 업어 애굽에서 시내 산까지 인도하셨습니다. 하나님이 주신 언약은 <하나님의 소유, 제사장 나라, 거룩한 백성>에 대한 약속이었습니다. 언약은 순종을 요구했습니다.

❷ 언약의 응답(19:7-8): 모세의 말을 들은 장로들과 백성들은 하나님이 말씀하신 대로 순종하겠다고 힘을 합쳤습니다.

2. 하나님을 만날 준비(19:9-15)

모세는 계약의 중재자였습니다. 하나님이 시내 산에 임재하시는 것은 모세가 하나님께 받은 말씀을 전달하는 대변자임을 믿게 하려는 목적 때문입니다. 백성들은 자신을 성결하게 하고 셋째 날을 기다렸습니다. 정결하지 못한 사람은 하나님 임재를 경험할 수 없습니다.

3. 하나님의 현현(19:16-25)

이스라엘 백성들은 직접적인 방식으로 하나님 임재를 경험했습니다. 모세가 하나님에게 받은 말씀을 전달하고 있음을 믿도록 하셨습니다.

❶ 셋째 날 아침(19:16-19): 시내 산에 우레와 번개, 빽빽한 구름과 나팔 소리가 들리자, 백성들과 함께 산에 서 있었습니다. 여호와께서 불과 연기 가운데 모세의 말에 응답하셨습니다.

❷ 하나님의 강림(19:20-23): 시내 산 꼭대기에 강림하신 후 모세를 부르시고 경고하셨습니다. "나를 보고 살 자가 없음이니라" 이스라엘 백성은 하나님과 일정한 거리를 유지해야 합니다.

❸ 모세와 아론(19:24-25): 시내 산은 거룩하게 구별되었습니다. 모세와 아론만 하나님께 가까이 가는 것이 허락되었습니다. 모세는 중재자로서 하나님이 주신 권위를 가졌습니다.

성경 공부

문제❶ 이스라엘이 애굽을 떠난 지 삼 개월 되던 날 도착한 곳은? (19:1)

문제❷ 하나님께서는 자기 백성을 어떻게 인도하셨습니까? (19:4)

문제❸ 이스라엘이 하나님과의 언약을 지킬 때 무엇을 허락하십니까? (19:5~6)

문제❹ 이스라엘은 율법을 받기 위해 어떻게 준비해야 합니까? (19:10~11)

문제❺ 하나님의 시내산 현현 때, 백성들에게 금하신 것과, 그 이유는? (19:12)

오늘의 묵상

시내 산에 찾아오셔서 이스라엘 백성과 언약을 맺으신 하나님은, 예수님을 통해 우리를 찾아오셨습니다. 그리고 예수 그리스도를 믿는 우리를 당신의 거룩한 나라, 왕 같은 제사장으로 삼아 주셨습니다. 그리스도로 옷 입은 우리는 마땅히 하나님의 말씀을 잘 듣고 지키며 성결한 삶을 통해 세상에 거룩한 영향을 끼쳐야 합니다.

오늘의 적용

요즘 하나님의 자녀답게 살지 못한 것을 써 봅시다. 그리고 기도하십시오.

오늘의 기도

하나님 임재를 맛보도록 늘 성결하게 제 삶을 구비 하겠습니다.

출·애·굽·기

20장

본문 소개

하나님은 백성들이 모세를 믿도록 시내 산에 강림하셨습니다. 모세가 하나님이 주신 말씀을 전달하고 있음을 백성들이 신뢰하도록 하나님이 모세를 위해 일하셨습니다. 이스라엘 백성은 하나님이 모세에게 말씀하시는 것을 직접 들음으로써 모세의 중재자 역할을 믿고 신뢰하게 되었습니다.

1. 십계명(20:1-17)

십계명은 율법의 심장으로 하나님과 이웃과 자연과의 관계를 포함하고 있습니다. 십계명은 하나님이 직접 쓰신 두 개의 돌 판에 새겨졌습니다(출 24:12).

❶ 제1계명(20:1-3): 하나님은 이스라엘을 구원하신 여호와이십니다. 하나님 외에 그 어떤 신도 섬길 수 없습니다.

❷ 제2계명(20:4-6): 우상이나 그 어떤 신상도 만들지 말고, 절하지 말며 섬기지 말아야 합니다. 하나님은 질투하시는 하나님이십니다. 순종과 불순종에 축복과 저주가 약속되었습니다.

❸ 제3계명(20:7): 하나님의 이름을 불명예스럽게 만들어서는 안 됩니다. 우리는 하나님의 이름을 자랑해야 합니다(시 20:7).

❹ 제4계명(20:8-11): 십계명 중 가장 긴 계명입니다. 하나님이 안식

일을 복되게 하여 거룩하게 하셨습니다. 안식일에 쉼으로써 세상의 방식에서 하나님 나라 방식으로 살아가게 됩니다.

5. 제5계명(20:12): 이제부터 여섯 계명은 사람과 사람의 관계에 대한 계명입니다. 부모 공경은 약속 있는 첫 계명입니다.
6. 제6-8계명(20:13-15): 살인하지 말라, 간음하지 말라, 도둑질하지 말라. 사람에 대한 존중심을 요구하셨습니다.
7. 제9-10계명(20:16-17): 거짓증거 하지 말라. 탐내지 말라. 사랑은 율법의 완성입니다. 이웃에게 악을 행하지 않습니다.

2. 말씀의 중재자(20:18-21)

십계명이 선포되는 동안 하나님의 음성을 멀리서 듣고 백성들은 크게 두려워하며 모세가 하나님 말씀을 대언해 줄 것을 요청했습니다. 모세는 하나님이 임재하신 목적을 설명했습니다. 백성들이 하나님께 대해 경건한 두려움을 가짐으로 범죄 하지 않기를 바라셨습니다.

3. 하나님의 제단(20:22-26)

시내 산에서 하나님의 명령은 백성들이 하나님의 신상을 만들지 말고 하나님의 명령대로 제단을 쌓고 제물을 바치라는 것이었습니다.

성경 공부

문제❶ 하나님은 이스라엘에게 자신을 누구라고 말씀하십니까? (20:2)

문제❷ 제 1계명은? (20:3)

문제❸ 하나님을 사랑하고 계명을 지키는 자에게 약속하신 것은? (20:6)

문제❹ 제 5계명과 상급은? (20:12)

문제❺ 하나님이 시내 산에 강림하신 목적은? (20:20)

오늘의 묵상

하나님께서는 하나님의 백성들이 하나님과 사람들과의 관계에서 올바른 의무를 다하며 살아가길 원하십니다. 또한 하나님께서는 우리가 하나님 외에 어떤 우상도 섬기는 것을 싫어하시며 하나님께 순전한 예배를 드리길 원하십니다. 지금 내 삶이 하나님과 이웃에 대해 뒤틀린 관계는 아닙니까? 내 삶에 깊이 자리 잡은 우상은 없습니까? 나의 삶의 예배는 순전한 예배입니까?

오늘의 적용

십계명을 암송하고, 지키는 것과 지키지 못하는 것을 써 봅시다.

오늘의 기도

하나님보다 더 사랑하는 것이 없도록 제 삶을 잘 관리하겠습니다.

출·애·굽·기

21장

본문 소개

백성은 시내 산에서 멀리 서 있고, 모세는 하나님이 계신 흑암으로 가까이 가서 하나님 말씀을 들었습니다(20:21). 모세는 20:22-23:33까지 언약의 책, 율법 모음집을 기록했습니다. 언약의 책 서론 20:22-26에서 하나님을 향한 충성과 예배를 가르치셨습니다. 하나님을 예배하려면 제단에서 제물을 바침으로 섬겨야 하며 단정함으로 하나님을 섬겨야 합니다.

1. 노예 규정(21:1-11)

거룩은 사회 정의를 실천하는 삶입니다. 노예들이 인권을 율법으로 보장해 주셨습니다.

❶ 남자 노예(21:1-6): 생계가 어렵거나 빚 때문에 노예가 되는 사람들이 많았습니다. 노예의 기간은 6년입니다. 노예의 아내와 자녀들에 대한 소유권도 자세히 규정했습니다. 만일에 가족과 함께 남기를 원하면 귀를 뚫음으로 종신 종이 되었습니다.

❷ 여자 노예(21:7-12): 부모에 의해 여자 노예로 팔려가 아내가 되는 세 가지 규정입니다. 여자 노예와 결혼을 포기할 경우(8절), 여자 노예를 며느리로 삼기 위해 값을 지불한 경우(9절), 주인이 다른 여자 노예와 결혼할 경우(10절). 만일에 세 규례를 지키지 않으면 여자는 아무 조건 없이 자유입니다.

2. 사형 죄(21:12-17)

사형에 해당하는 세 가지 범죄 - 살인, 부모 폭행, 유괴에 관한 규정입니다. 살인(21:12-14), 부모 폭행(21:15, 17), 유괴(21:16)는 반드시 죽여야 합니다. 실수로 사람을 죽인 사람은 도피성으로 피할 수 있습니다.

3. 폭행죄(21:18-27)

싸움으로 인해 발생한 상해 사건(18-19절), 노예 학대로 인한 죽음(20-21절), 임신한 여인의 낙태와 부상(22-25절)에 대해서 동해보복법이 적용됩니다. 노예 폭행에 대한 보상은 자유입니다(26-27절). 일상생활에서 일어나는 사회적 폭력에 대해 하나님의 정의를 실천해야 합니다.

4. 가축에 대한 보상(21:28-36)

소를 예로 들어 세 가지 상황을 제시했습니다. ① 사람을 받아서 죽였을 때 ② 사람을 받는 버릇이 있는 소를 단속하지 않아 사람을 죽였을 때 ③ 소가 노예를 뿔로 받았을 때에 대한 규정을 가르쳤습니다. 구덩이에 짐승이 빠져 죽거나(21:33-34), 소와 소가 싸워 죽는 경우에 대해(21:35-36) 보상과 배상법을 명시했습니다.

성경 공부

문제❶ 히브리 종이 주인을 섬긴 지 7년이 되면 어떻게 해야 했습니까? (21:2)

문제❷ 만약 종이 상전과 처자를 떠나려 하지 않으면 어떻게 합니까? (21:5~6)

문제❸ 사형에 해당하는 벌을 받는 사람들은? (21:14~17)

문제❹ 사람이 임신한 여인을 쳐서 낙태하게 하였을 때 받는 벌은? (21:22)

문제❺ 소가 종을 받았을 때, 종의 주인에게 얼마를 배상해야 합니까? (21:32)

오늘의 묵상

하나님께서는 약하고 소외된 자들의 권리를 보호하시는 공의의 하나님이십니다. 또한 하나님의 백성들이, 부모와 이웃들에게 악을 행하거나 이웃의 소유물에 손해를 끼치는 것을 원치 않으십니다. 우리가 부모님과 이웃에게 악을 행하고 소유물에 손해를 끼쳤다면, 하나님께서는 그것에 대해서도 책임과 의무를 다하길 원하십니다. 우리는 부모님과 이웃을 존중하고, 다른 사람들의 소유물을 소중히 여길 줄 알아야 합니다.

오늘의 적용

이웃에게 피해 준 것은 없습니까? 화해나 관계 회복 계획을 세우십시오.

오늘의 기도

나보다 약한 사람의 권리를 존중하고 필요를 돌아보겠습니다.

출·애·굽·기

22장

본문 소개

율법의 목적은 거룩함입니다. "너희는 내게 거룩한 사람이 되라"(22:31) 하나님을 닮은 사람은 사회 정의에 관한 관심을 갖고 하나님 사랑을 실천하는 사람입니다. 하나님의 거룩을 매일의 일상생활에서 유지하려면 하나님이 가르쳐주신 삶의 여러 유형에 대해서 하나님의 가르침을 실천해야 합니다.

1. 손해 배상(22:1-17)

재물에 손해를 입히는 일곱 가지 상황을 제시하고 피해 보상에 대한 법규를 정했습니다.

❶ 도둑(22:1-4): 도둑질한 소는 다섯 배, 양은 네 배로 갚아야 합니다. 도둑질한 짐승이 살아있으면 두 배로 보상했습니다.

❷ 곡식 피해(22:5-6): 가축과 불에 의해 피해를 입었을 경우 보상이 다릅니다. 과실과 사고의 경우 보상이 달랐습니다.

❸ 보관 사고(22:7-15): 돈, 물품, 짐승을 이웃에게 맡겼다가 분실했을 경우 각각 보상 규정이 달랐습니다. 다른 사람 물건을 보관하던 사람이 물건을 도둑맞았을 때, 도둑이 잡힌 경우 도둑이 두 배로 보상해야 하지만 도둑이 잡히지 않았을 때 보관했던 사람이 자신의 결백을 증명해야 합니다(7-8절). 같은 물건을 두고 두 사람이

소유권을 주장할 경우, 하나님 앞에서 재판을 받아야 하고 유죄 판결 받은 사람이 두 배로 물어주어야 합니다(9절). 가축을 보관할 경우, 자세한 규정을 정했습니다(10-15절).

❹ 처녀 유혹(22:16-17): 처녀를 유혹하여 성관계를 갖게 되면 여자의 부모에게 몸값을 지불하고 결혼해야 합니다.

2. 물질과 자비(22:18-27)

하나님의 백성은 일상생활에서 하나님 백성답게 행동하도록 법률을 정했습니다.

❶ 이방 문화(22:18-20): 무당, 짐승과 행음, 우상숭배 금지

❷ 가난한 자에 대한 배려(22:21-27). 이방 나그네(21절), 고아와 과부를 괴롭히지 말라(22-24절). 가난한 자에게 돈을 빌려주었을 때 자비를 먼저 생각하라(25-27절). 만일에 어려운 사람들을 무시하면 하나님이 들으시고 하나님이 벌하실 것입니다.

3. 하나님께 대한 의무(22:28-31)

세 가지 의무가 있습니다. 하나님과 지도자들을 욕되게 하는 말을 할 수 없습니다. 초태생은 하나님 것입니다. 하나님께 바치는 일에 게을러서는 안 됩니다. 하나님 백성은 거룩한 사람이 되어야 합니다.

성경 공부

문제❶ 사람이 소나 양을 도둑질하여 잡거나 팔면 어떻게 갚아야 합니까?(22:1)

문제❷ 다른 신에게 제사하는 자에게 주어진 벌은? (22:20)

문제❸ 고아와 과부를 해롭게 하면 어떻게 되었습니까? (22:22~24)

문제❹ 옷을 전당 잡았지만, 해가 지기 전에 돌려주어야 하는 이유는? (22:27)

문제❺ 재판장과 백성의 지도자들에 대해 하지 말아야 할 행동은? (22:28)

오늘의 묵상

하나님은 우리에게 공의와 정직한 삶을 요구하십니다. 또한 우리가 사회적 약자들을 향해 하나님의 자비를 보이길 원하십니다. 또한 하나님의 자녀라면 마땅히 영적으로 육체적으로 순결해야 할 것을 요구하십니다.

오늘의 적용

하나님 자녀의 품위에 맞는 생활을 하십니까? 달라져야 할 것은?

오늘의 기도

긍휼과 자비의 마음을 갖도록 하겠습니다.

출 · 애 · 굽 · 기

23장

본문 소개

재물에 손해를 입혔을 때 보상에 관한 규정, 가난한 사람들에 대한 존중은 하나님을 섬기는 신앙공동체 행복에 매우 중요한 의미를 갖게 했습니다. 하나님께서 각 사람의 재산 문제나 인간관계 갈등, 경제적 불평등에 깊은 관심을 갖고 계신다면, 하나님의 백성들도 공정함과 정의로운 사람이어야 합니다.

1. 사회적 정의(23:1-9)

신앙공동체 안에서 서로에 대한 사회적 책임과 배려, 법정의 공정함을 추구했습니다.

❶ 재판의 진실함(23:1-3): 다섯 가지 금지 사항을 적용했습니다. 법정은 죄와 진실이 밝혀지는 정의의 장소여야 합니다.

❷ 원수에 대한 자비(23:4-5): 원수를 용서했다는 사실을 원수의 짐승에게 자비를 베풀어 입증해야 합니다(칼빈).

❸ 공정과 정의로움(23:6-9): 다섯 가지 원리를 가르치셨습니다. 가난한 사람의 재판을 억울하게 하지 말 것, 거짓 고발하지 말 것, 무죄한 자와 의로운 자를 죽이지 말 것, 뇌물 받지 말 것, 이방 나그네를 억압하지 말 것을 명령하셨습니다.

2. 종교적 의무(23:10-19)

거룩한 삶은 하나님을 신실하게 예배하는 것과 사회 정의를 함께 실천해야 합니다.

❶ 안식년과 안식일(23:10-13): 7년마다 농사를 쉬는 안식년의 목적은 가난한 사람에 대한 배려이며, 안식일은 짐승과 노예에게 자비를 베푸는 날입니다. 우상 숭배자처럼 억지로 지키는 종교 의무가 아니라 가난한 사람들에 대한 사랑입니다.

❷ 세 개의 절기(23:14-19): <무교절(유월절) - 맥추절(오순절) - 수장절(초막절)> 이스라엘 모든 남자는 성전에서 세 절기를 지키도록 명령하셨습니다. 세 절기는 하나님의 주권과 복을 기념하고 함께 즐거워하는 추수 감사 절기였습니다.

3. 하나님 약속(23:20-33)

언약의 책을 마무리하면서 하나님 약속들과 세 가지를 앞서 보내시겠다고 하셨습니다.

❶ (23:20-22): 하나님 사자가 길에서 보호하심.

❷ (23:23-26): 하나님 사자가 가나안 땅을 정복하심.

❸ (23:27-33): 위엄과 왕벌(재앙)을 보내셔서 가나안 족속을 쫓아내시고 양식과 물, 치유, 풍요, 장수의 복을 주시겠다고 약속하셨습니다. 이스라엘은 가나안 우상을 조심해야 합니다.

성경 공부

문제❶ 이스라엘 백성이 법정에서 증언할 때 지켜야 할 것들은? (23:1~3)

문제❷ 4절의 말씀에서 하나님은 어떤 분이시라고 생각하십니까?

문제❸ 이스라엘 남자가 일 년에 지켜야 할 3대 절기는? (23:15~17)

문제❹ 하나님 백성이 하나님 말씀을 듣는 태도는? (23:21)

문제❺ 여호와만 섬길 때 주시는 하나님의 약속은? (23:25)

오늘의 묵상

요즘 시대는 자신의 이익을 위해 거짓말로 상대방을 해치는 것에 익숙해 있습니다. 그러나 하나님께서는 우리에게 도움을 줄 수 없는 가난한 사람을 위해서도 우리가 공평하길 원하십니다. 심지어 원수라도 공평하게 배려할 것을 명령하십니다. 그리고 살아가면서 하나님께서 베푸신 구원과 보호와 은혜를 기억하며 감사를 표현할 것을 말씀하십니다. 하나님 말씀을 청종할 때 다양한 복을 약속하십니다.

오늘의 적용

나는 공정합니까? 그리고 옳고 그름을 잘 분별합니까?

오늘의 기도

이익을 위해 거짓을 말하지 않고 정직하겠습니다.

출·애·굽·기

24장

본문 소개

언약의 율법을 주신 하나님이 이스라엘과 언약식을 가지셨습니다. 언약은 '두 당사자 사이에서 약속 이행을 전제로 하여 이루어지는 공식적인 행동'입니다. 언약이 성립되면 상호 의무가 생기게 됩니다. 이스라엘이 하나님을 섬기고 순종할 때 하나님이 행하실 약속에 대해 이미 말씀하셨습니다(23:20-33).

1. 언약 체결식(24:1-11)

하나님은 모세에게 시내 산 언약식에 초대된 사람들을 데리고 오라고 명령하셨습니다.

❶ 초대된 사람들(24:1-2): 아론과 나답과 아비후, 이스라엘을 대표하는 70명의 장로를 부르셨습니다. 모세만 하나님께 가까이 나아가고 다른 사람들은 산 중턱에 머물게 하셨습니다.

❷ 언약의 피 뿌림(24:3-8): 모세가 백성들에게 하나님 말씀과 법규를 전하자, 백성들은 "여호와께서 말씀하신 모든 것을 우리가 준행하리이다" 응답함으로 계약에 동의했습니다. 모세는 하나님 말씀을 기록하고, 제단을 쌓아 열두 지파를 기념하는 기둥을 세운 후에 번제와 화목제를 드렸습니다. 모세가 제물의 피 절반을 제단에 뿌리고, 백성들에게 율법서를 낭독한 후 "여호와의 모든 말씀

을 준행하리이다"라고 응답하자, 피의 절반을 백성에게 뿌린 후에 "언약의 말씀에 대한 언약의 피"를 선언했습니다. 이제 하나님 언약이 시작되었습니다.

❸ 공동식사(24:9-11): 언약이 성립된 후 모세와 아론, 나답과 아비후, 장로 칠십 인이 하나님과 함께 공동식사를 하는 놀라운 장면이 목격되었습니다. 하나님의 특별하신 임재에도 그들이 죽지 않은 것은 하나님이 손대지 않으셨기 때문입니다. 피 뿌림과 공동식사는 신약에서 주의 만찬에서 하나로 묶였습니다.

2. 십계명 돌판(24:12-18)

하나님이 모세를 다시 부르셨습니다. 백성들에게 가르치도록 십계명 돌 판을 주시겠다고 하셨습니다. 모세가 여호수아와 함께 산에 올라갔습니다.

❶ 하나님이 친히 쓰신 돌 판은 율법의 권위를 강조하며, 율법을 주신 목적이 '그들을 가르치는' 데 있음을 강조하셨습니다.

❷ 여호와의 영광(24:15-18): 구름이 둘러싸인 하나님의 영광이 산 위에 나타났습니다. 이스라엘 백성에게는 맹렬하게 타오르는 불같이 보였습니다. 모세는 40일을 산에 있었습니다(32:15).

성경 공부

문제❶ 모세가 언약서를 낭독하자 백성들이 듣고 어떻게 반응했습니까? (24:7)

문제❷ 번제와 화목제를 드린 후 백성에게 뿌린 언약의 피 의미는? (24:8)

문제❸ 하나님이 모세를 다시 부르신 이유는? (24:12)

문제❹ 모세가 하나님 산에 오르며 산 아래 일을 누구에게 부탁합니까? (24:14)

문제❺ 모세가 시내 산 위에 오를 때 함께한 것은? (24:16)

오늘의 묵상

구약의 이스라엘 백성이 하나님과 피로써 언약을 맺은 것처럼 우리도 예수 그리스도의 보혈로 하나님의 백성이 되었습니다. 그리고 하나님의 백성은 날마다 하나님과 친밀한 교제 가운데 그분의 임재를 경험하며 그의 음성을 듣고 그의 말씀대로 사는 사람들입니다. 우리는 얼마나 그리스도의 보혈 은혜를 감사하며 살고 있습니까? 그 보혈로 맺어진 하나님 아버지와 친밀한 관계를 누리며 순종하며 살아야 합니다.

오늘의 적용

나는 하나님 말씀을 어떻게 받습니까? 고쳐야 할 태도는?

오늘의 기도

오늘도 주신 말씀을 준행하겠습니다.

출·애·굽·기

25장

본문 소개

모세가 하나님과 함께 머문 사십 일 동안 하나님은 성막에 대해 보여주셨습니다. 25장에서 31장까지 성막에 대한 자세한 지침을 설명하시고, 모세는 35장에서 40장까지 성막과 도구를 제작했습니다. 율법과 성막은 하나님 언약의 중심입니다. 출애굽기 거의 3분의 1은 성막에 관한 내용입니다.

1. 예물의 종류(25:1-9)

성막 건축은 백성들이 바친 예물로 만들어졌습니다. 예물은 하나님께 바치는 봉헌물입니다.

❶ 백성들이 바쳐야 할 예물은 일곱 가지입니다. 금과 은과 놋과 같은 금속, 색실, 옷감, 목재, 기름, 향료, 보석 등입니다.

❷ 하나님은 백성들이 자원해서 기쁜 마음으로 바치는 것을 받으라고 하셨습니다. 예물의 수량보다 마음이 더 중요합니다.

2. 법궤(25:10-16)

하나님은 모세에게 하나님이 보여주시는 대로 성막과 도구를 만들 것을 지시하셨습니다. 먼저 법궤(증거궤)에 관해 설명하셨습니다. 법궤는 하나님의 임재를 상징하는 성막의 중심으로 법궤가 없으면 성막도 없습니다.

❶ (1규빗은 약 45cm). 법궤 규격은 가로 112cm, 세로 67cm, 높이 67cm 크기로 조각목으로 만들고 금으로 덮었습니다.

❷ 법궤 양면에 네 개의 금고리가 있습니다. 고리 사이로 금으로 씌운 조각목 막대기를 넣어 운반하도록 했습니다.

❸ 법궤에 십계명 돌 판을 보관하도록 지시하셨습니다.

3. 속죄소(25:17-22)

속죄소는 법궤의 덮개로 금으로 만들었습니다. 속죄소는 하늘 처소의 상징입니다. 속죄소는 두 그룹 천사가 마주 보고 고개를 숙인 모습이며 그룹들의 날개로 속죄소를 덮었습니다. 하나님이 모세를 속죄소에서 만나시겠다고 하셨습니다. 속죄소는 하나님 보좌의 상징입니다.

4. 떡 상(25:23-30)

진설병을 두는 떡 상은 조각목으로 만들고 금을 씌웠습니다. 45cm×90cm×67cm 크기입니다. 진설병 상 위에 금으로 만든 대접, 숟가락, 병, 붓는 잔을 함께 전시했습니다. 진설병은 항상 하나님 앞에 있어야 합니다.

5 등잔대(25:31-40)

떠 상 맞은편에 등잔대가 있습니다. 순금으로 일곱 개 가지를 만들었습니다. 등잔대는 순금 한 달란트(약 34kg)로 만들었습니다. 그리스도는 어둠을 밝히는 세상의 빛이시며, 사람들에게 생명을 주는 생명의 떡입니다.

성경 공부

문제❶ 백성들에게 성소를 지을 예물을 받되 어떤 예물을 받으라고 하십니까? (25:2)

문제❷ 하나님은 어떤 마음을 원하십니까? 스스로 생각을 써 보십시오.

문제❸ 성막은 누구를 위하여 짓는 것입니까? (25:8)

문제❹ 진설병은 항상 누구 앞에 있게 해야 합니까? (25:30)

문제❺ 등잔은 몇 개를 만들라고 명령하셨습니까? (25:37)

오늘의 묵상

성막은 이스라엘 가운데 거하시는 하나님의 임재의 상징입니다. 그러므로 이스라엘에게는 광야에서 사는 동안 하나님의 임재의 상징인 성막과 어떻게 함께 살 수 있는가를 훈련하고 연습하는 것이 매우 중요한 일입니다. 그래서 그들은 그 일을 위해 성막을 짓는 핵심적인 재료들을 헌물 합니다. 당신은 하나님께서 피로 값을 주고 사셨다고 말씀하신 교회를 위하여 어떤 헌신을 해보셨습니까? 당신의 헌신을 생각해 보십시오.(물질, 시간, 재능 등).

오늘의 적용

하나님께 나는 어떤 자세로 드리고 있는지, 점검해 보십시오.

오늘의 기도

하나님을 위해 기쁨으로 자원함으로 드리는 자녀가 되겠습니다.

출·애·굽·기

26장

본문 소개

성막은 이스라엘 공동체 중심에 있습니다. 성막을 통해 이스라엘은 하나님의 백성이 되고 하나님은 이스라엘의 하나님이 되셨습니다. 성막은 하늘과 땅이 만나는 곳입니다. 하나님이 자기 백성을 만나시고 백성 중에 거하시는 하나님의 거처입니다. 세상 한복판에서 하나님이 거하실 집을 창조하셨습니다.

1. 성막 덮개(26:1-14)

성막은 커튼과 기둥으로 만들어진 건물입니다. 성막을 덮는 막(휘장)은 모두 네 가지입니다.

❶ 첫 번째 휘장(26:1-6): 가장 안쪽에서 덮는 휘장은 여러 색깔의 실로 짠 옷감에 그룹을 수놓았습니다. 휘장은 12.6m×18m 크기로 제작되어 50개의 금고리로 연결했습니다.

❷ 두 번째 휘장(26:7-13): 세마포 휘장 위를 염소 털로 짠 휘장으로 덮었습니다. 13.5m×19.8m 크기로 만들었습니다.

❸ 세 번째, 네 번째 휘장(26:14): 숫양 가죽과 해달의 가죽으로 만들었으며 성막 전체를 덮어 성막을 보호했습니다.

2. 성막 널판(26:15-30)

성막의 벽 역할을 하는 널판과 기둥은 아카시아 조각목으로 만들었습니다.

❶ 각 널판의 규격은 4.5m×68cm 크기였습니다.

❷ 성막의 남쪽과 북쪽 벽은 각각 20개의 널판을 이어 13.5m 길이의 벽이 되었습니다(18-21절). 서쪽은 여섯 개 널판에 기둥이 하나씩 추가되어 10 규빗의 벽을 만들었습니다(22-25절).

❸ 성막 동쪽엔 벽이 없습니다. 성막 널판은 모두 48개로 은 밑받침과 고리를 사용하여 고정했습니다(19, 21, 25절).

❹ 널판을 고정하기 위해 나무 띠를 만들었습니다(26-29절).

3. 지성소 휘장(26:31-35)

성막 크기는 4.3m×13.5m입니다. 지성소와 성소를 구분하는 내부 휘장은 여러 색깔의 실로 그룹을 수놓았습니다. 휘장을 네 개의 기둥에 걸었습니다. 예수님이 십자가에서 죽으셨을 때 찢어진 휘장이 내부 휘장입니다.

4. 성막 출입문(26:36-37)

휘장 문은 성막과 성막 뜰을 구분하는 역할을 했습니다. 성막 출입문도 여러 색깔의 실로 엮은 옷감을 사용했습니다. 지성소 휘장처럼 그룹을 수놓지 않았습니다. 출입문은 다섯 개 기둥에 걸었으며 기둥의 밑받침은 은이 아니라 놋이었습니다. 오직 제사장만 들어갈 수 있습니다.

성경 공부

문제❶ 성막을 덮는 휘장 네 가지에 각각 사용된 재료는? (26:1, 7, 14)

문제❷ 성막의 기둥은 무엇으로 만들었습니까? (26:32)

문제❸ 내부 휘장에 정교하게 수놓은 것은? (26:31)

문제❹ 성소와 지성소 사이의 휘장은 누구를 위한 것입니까? (26:33)

문제❺ 성막 문 휘장은 몇 개의 기둥에 걸게 되어 있습니까? (26:37)

오늘의 묵상

성막은 하나님께서 임재하시어 백성들을 만나 주시는 장소였습니다. 하나님은 이스라엘의 하나님이 되시고, 이스라엘은 하나님의 백성이 됩니다. 광야에서 이동 생활을 하던 이스라엘 백성들이, 하나님이 함께 계심을 확인하는 장소였고 하나님을 경외하던 장소입니다.

오늘의 적용

지금은 우리가 하나님의 성전이며, 하나님의 성령이 우리 안에 계십니다(고전 3:16). 나는 하나님의 임재를 경험하고 있습니까?

오늘의 기도

저를 하나님의 성전 삼아 만나 주시는 은혜를 감사합니다.

출·애·굽·기

27장

본문 소개

성막은 하늘의 축소판입니다. 인간의 지혜로 설계되고 건축된 창작물이 아니라 하늘에 있는 것들의 모형이라고 했습니다(히 8:5). 하늘에 있는 본체의 모형으로 설명했습니다. 하나님은 모세에게 "네게 보인 양식대로 할지니라." 하늘에 있는 것을 보여주셨다고 했습니다. 성막은 하나님 임재의 상징입니다.

1. 번제단(27:1-8)

제단은 '놋 제단' 또는 '번제단'이라 불렀습니다. 성소 안에서 향을 피우는 제단은 '금 제단'으로 서로 구분했습니다. 제단은 제사를 드리는 중요한 장소입니다. 성막은 하나님 임재의 장소일 뿐 아니라 희생 제사와 제물이 드려지는 거룩한 장소입니다. 제단이 없으면 예배도 없습니다.

❶ 제단은 2.25m×2.25m, 높이 1.35m 크기로 조각목으로 만들고 놋으로 덮었습니다. 놋은 심판을 상징했습니다. 네 개의 뿔을 모퉁이에 달았으며, 제단 뿔에 제물의 피를 발랐습니다.

❷ 청소용 삽, 재 담는 통, 갈고리, 그물 모양의 석쇠를 만들도록 하셨습니다. 운반이 쉽도록 고리를 달게 하셨습니다.

2. 성막 울타리(27:9-19)

성막은 구별된 거룩한 장소였으므로 울타리를 만들어 출입을 제한해야 했습니다.

❶ 울타리는 남쪽과 북쪽 45m, 동쪽과 서쪽은 22.5m 크기로 울타리의 총 둘레는 300규빗(135m)이 되었습니다.

❷ 울타리는 세마포 휘장으로 만들었으며 60개 기둥에 걸었습니다. 기둥은 2.25m×2.25m 간격으로 성막을 에워쌌습니다. 남쪽과 북쪽 울타리는 각각 20개의 기둥을 사용하고, 서쪽 울타리는 10개를 세웠습니다. 동쪽은 출입구가 있어서 양쪽에 3개 기둥을 세우고 가운데 4개 기둥에 출입문을 달았습니다. 출입문은 여러 색깔의 실로 짠 20 규빗 휘장으로 만들었습니다. 성막 세마포 출입문은 예수님을 상징합니다. "내가 문이니 누구든지 나로 말미암아 들어가면 구원을 받고"(요 10:9).

3. 등불 관리(27:20-21)

성소 등잔대(25:31-40)에 감람으로 짠 순수한 기름을 가져오고 등불이 꺼지지 않게 하라고 지시하셨습니다. 아론과 그 아들들이 항상 여호와 앞에 등불을 보살피도록 하셨습니다(레 24:3). 칼빈은 등잔대 등불을 '온 세상을 비추시는 그리스도의 빛'이라고 해석했습니다.

성경 공부

문제❶ 제단 놋 그물을 만들고, 위 네 모퉁이에 만든 것은? (27:4)

문제❷ 울타리 역할을 하는 남쪽 뜰 휘장을 만든 재료는? (27:9)

문제❸ 뜰 문 휘장에는 어떤 색상의 실로 수를 놓았습니까? (27:16)

문제❹ 등불은 어떤 기름을 사용했습니까? (27:20)

문제❺ 등불을 저녁부터 아침까지 누가 보살폈습니까? (27:21)

오늘의 묵상

성소는 하나님께서 잠시 머무시는 곳입니다. 그래서 성막이라 하는 것입니다. 이스라엘에게 이 성소가 하나님을 만나는 장소입니다. 그래서 회막입니다. 이 회막에서 주로 하나님의 말씀을 듣습니다. 그러므로 회막은 이스라엘이 하나님의 계시를 받는 곳으로 기능이 가장 중요합니다. 늘 하나님의 말씀을 듣는 삶이 필요합니다.

오늘의 적용

하나님 말씀을 듣는 구별된 장소가 있습니까? 시간과 장소를 정해봅시다.

오늘의 기도

주님과 교제의 등불이 꺼지지 않게 매일 말씀과 기도로 나아가겠습니다.

출 · 애 · 굽 · 기

28장

본문 소개

하나님이 이스라엘 백성과 언약을 맺으실 때 가장 중요한 두 가지 제도가 <율법과 성막>입니다. 시내 산에서 이스라엘 백성을 언약 백성으로 만드시는 하나님의 새 창조가 진행되고 있습니다. 언약의 말씀과 성막 기구의 모양과 디자인과 규례에 대해 말씀하신 후 이제 제사장 의복에 대해 말씀하셨습니다.

1. 제사장 의복(28:1-5)

대제사장은 금으로 만든 화려한 여덟 가지 옷을 입고, 제사장은 네 가지 옷을 입습니다.

❶ 제사장 직분(28:1): 아론과 나답과 아비후, 엘르아살과 이다말 아들들에게 하나님을 섬기는 제사장 직분을 맡기셨습니다.

❷ 대제사장 의복(28:2-5): 거룩한 옷으로 영화롭고 아름다웠습니다. 마음이 지혜로운 자들에게 의복을 만들게 했습니다. 지혜로운 자들이 만들 대제사장 의복의 종류를 정해주셨습니다.

2. 에봇(28:6-14)

성막이 거룩하게 구별된 것처럼 제사장 의복도 거룩하고 아름답고 영광스러웠습니다.

❶ 에봇은 몸체, 두 어깨끈, 끈으로 구성되었습니다. 에봇은 제사장 의복 위에 입는 것으로 대제사장과 제사용이 있습니다.

❷ 에봇 양쪽 어깨에 호마노 보석 두 개를 붙여 열두 아들들의 이름을 새겨 여호와 앞에 기념 보석이 되게 하셨습니다.

3. 흉패와 우림과 둠밈(28:15-30)

흉패는 에봇처럼 여러 색깔의 실로 만들어 에봇에 고정한 주머니 형태였습니다.

❶ 이스라엘 열두 지파를 상징하는 열두 개의 보석이 네 줄로 흉패에 장식되었습니다. 열두 보석은 최고의 아름다움과 가치를 가진 보석으로 하나님 앞에 열두 지파 이름을 기념했습니다.

❷ 흉패 주머니에 보관한 우림과 둠밈은 하나님의 뜻을 묻는 도구였습니다. 대제사장은 여호와 앞에 항상 흉패를 붙였습니다.

4. 겉옷과 부속품(28:31-43)

겉옷은 청색으로 발목까지 오는 긴 옷이었습니다. 석류나무를 수놓고 금방울을 달았습니다. 방울 소리는 대제사장의 생존 여부를 알려주었습니다.

❶ 순금 패를 만들어 "여호와께 거룩" 글자를 새기고 대제사장 관(모사)에 붙였습니다. 대제사장은 속죄 사역을 담당했습니다.

❷ 제사장의 옷(28:40-43). 속옷, 띠, 영화로운 관, 속바지, 네 가지 옷을 입고 하나님 앞에 제사장 직분을 감당했습니다.

성경 공부

문제❶ 제사장직은 누구의 혈통의 자녀들에게 위임되었습니까? (28:1)

문제❷ 제사장 아론의 옷을 만들 자들은 어떤 자격을 갖추었습니까? (28:3)

문제❸ 에봇의 어깨받이에 붙이는 두 보석에 새겨 넣을 이름은? (28:9~12)

문제❹ 우림과 둠밈을 어디에 넣어 가슴에 붙였습니까? (28:30)

문제❺ 대제사장의 옷 가장자리에 방울을 단 이유는? (28:35)

오늘의 묵상

아론이 입게 될 옷은 거룩한 예복입니다. 이 예복이 거룩한 것은 대제사장이 성소라는 거룩한 공간에서 사역할 때 입는 옷이기 때문입니다. 제사장이 입는 옷은 영화롭고 아름다웠습니다. 우리는 예수 그리스도의 보혈의 피로 거룩한 옷을 입은 제사장입니다. 이 구원의 옷을 입은 자만이 하나님 앞에 나아가 예배드릴 수 있습니다.

오늘의 적용

속사람이 거룩한 옷을 입는 것이 가장 중요하지만, 동시에 겉으로 드러나는 옷차림도 단정해야 합니다. 나는 어떻습니까?

오늘의 기도

늘 주님으로 옷 입고 살겠습니다.

출·애·굽·기

29장

본문 소개

대제사장과 제사장 예복과 장식품에 이어 제사장 위임식 규정을 소개했습니다. 성막과 제사장은 하나입니다. 제사장이 없으면 성막도 없습니다. <율법과 성막과 제사장>이 이스라엘 백성이 하나님 언약 공동체가 되는데 중요한 요소입니다. 제사장은 하나님과 이스라엘 백성 사이의 중보자들입니다.

1. 위임식 준비(29:1-3)

제사장 위임식에는 수송아지 한 마리, 숫양 두 마리가 필요합니다. 누룩을 넣지 않은 빵과 과자와 무교전병을 고운 가루로 만들어 가져왔습니다.

2. 제사장 예복(29:4-9)

아론과 아들들은 목욕하고 자신을 정결하게 한 후에 제사장 의복을 입었습니다.

❶ 아론(29:5-7): 대제사장 속옷, 에봇 받침 겉옷, 에봇, 흉패, 에봇 띠, 머리에 관, 거룩한 패, 관유를 머리에 부었습니다.

❷ 아들들(29:8-9): 제사장 속옷, 세마포 옷, 띠, 머리에 관을 씌우고 거룩한 제사장 직분을 아들들에게 맡겼습니다.

3. 첫 번째 제물-속죄제(29:10-14)

아론과 아들들이 위임식을 위해 먼저 속죄제를 드렸습니다. 아론과 아들들이 수송아지 머리에 안수하고, 회막문 여호와 앞에서 송아지를 잡고 그 피를 제단 뿔에 바르고 제단에 쏟았습니다.

4. 두 번째 제물-번제(29:15-18)

숫양 한 마리는 번제로 바쳤습니다. 숫양 머리에 안수하고 피를 제단 주위에 뿌리고 숫양 전부를 제단에서 불태워 드렸습니다. 제사장들은 정결해야 하며 자신의 전부를 하나님께 바친 사람들입니다.

5. 세 번째 제물-위임식(29:19-37)

위임식 숫양 머리에 안수하고 그 피를 아론과 아들들의 오른쪽 귓부리와 오른손, 오른발 엄지에 바른 것은 몸 전체를 하나님께 바쳤다는 뜻이며, 피와 관유를 가져다가 제사장 옷에 뿌려 거룩하게 했습니다.

❶ 아론의 옷은 대를 이어 대제사장에게 전수했습니다(29절).

❷ 위임식 음식은 아론과 아들들만 먹을 수 있습니다(33절).

❸ 일주일 동안 매일 수송아지를 속죄제로 드렸습니다(36절).

6. 매일 번제(29:38-46)

매일 아침과 저녁에 일 년 된 양 한 마리를 소제와 전제와 함께 번제로 바쳤습니다. 하나님께서 회막과 제단과 제사장을 거룩하게 하시고 이스라엘 백성 중에 거하셨으며 회막은 하나님이 백성들을 만나시는 곳입니다.

성경 공부

문제❶ 제사장 위임식에는 몇 마리의 짐승이 필요합니까? (29:1)

문제❷ 제사장 위임식이 있기 전에 아론과 그 아들들이 할 일은? (29:4)

문제❸ 수송아지는 속죄제물이고, 숫양은 여호와께 드리는 무엇입니까? (29:25)

문제❹ 제사장 위임식은 얼마 동안 진행되었습니까? (29:37)

문제❺ 회막에서 매일 하나님께 아침과 저녁 두 번씩 드려야 되는 것은? (29:38)

오늘의 묵상

이스라엘의 제사는 성막이 있는 한 영원토록 지속되어야 합니다. 하나님은 그들이 제사를 드리는 한, 제사를 드리는 회막에서 그들을 만나 주시겠다고 약속하셨습니다. 이 말씀은 그들의 하나님이 되어 그들과 함께하시겠다는 약속입니다. 마찬가지로 하나님께서는 오늘도 예배를 기뻐하시며, 예배 가운데 우리를 만나 주시고, 예배를 통해 주시는 복을 약속하십니다. 이스라엘은 매일 아침과 저녁 두 번의 제사를 드렸습니다.

오늘의 적용

나의 예배 생활과 예배를 드리는 태도를 점검해 보십시오. 고쳐야 할 것은?

오늘의 기도

하나님께 예배를 드릴 때마다, 온 힘을 다하겠습니다.

출·애·굽·기

30장

본문 소개

제사장 의복과 위임식(28-29장)으로 중단되었던 성막 기구에 대한 규정이 다시 이어지고 있습니다. 성막과 기구 규정 중간에 제사장 위임식을 삽입한 것은 제사장이 성막의 일부이기 때문입니다. 제사장은 살아있는 성막의 도구입니다. 조각목과 금으로 만든 기구가 아니라 거룩한 성막의 제사장입니다.

1. 분향단(30:1-10)

분향단은 성소 안에서 향을 태우는 제단입니다. 번제단이 밖에 있는 제단이라면 분향단은 안에 있는 제단입니다. 분향단은 아카시아 조각목으로 만들고 금을 입혔습니다. 45cm×45cm 크기로 높이는 90cm입니다.

❶ 분향단은 속죄소 맞은편 휘장 밖에 두었습니다.

❷ 분향단에서 아론이 아침, 저녁으로 향을 피웠으며 분향단 뿔을 위하여 일 년에 한 번 대속죄일에 속죄했습니다. 분향단은 우리를 위해 중보 기도하시는 예수님을 상징합니다(히 7:25).

2. 생명의 속전(30:11-16)

20세 이상 남자는 은 반세겔을 생명의 속전으로 하나님께 바쳤습니니다. 하나님은 우리를 죄와 사망에서 구원하신 분이십니다. 속전은 하나님의 소유권을 인정하는 생명의 값으로 성막의 비용으로 사용했습니다. 하나님은 우리를 구원하시고 성전이 되게 하셨습니다(고전 3:16).

3. 물두멍(30:17-21)

물두멍은 놋으로 만들고 성막과 제단 사이에 두었습니다. 제사장들이 성막에 들어갈 때, 제물을 바칠 때 손과 발을 씻고 정결의식을 행하게 하셨습니다. 주님은 그분의 교회를 물로 씻어 깨끗하게 하셨습니다(엡 5:26).

4. 향유(30:22-33)

향기름은 성소에서 사용하는 모든 기구에 발라 정결케 했습니다. 향유는 최고의 상품으로 만들었습니다. 몰약, 육계(계수나무), 창포, 계피, 감람유를 섞어 만들었습니다. 성막과 제사장에게 발라 거룩하게 했습니다. 향유를 바른 것마다 거룩해지고 하나님께 구별되었습니다.

5. 향(30:34-38)

소합향, 나감향, 풍자향, 유향을 동일한 분량으로 섞은 후에 소금을 넣어 거룩한 향을 만들었습니다. 향을 고운 가루로 만들어 언약궤 앞에 두었습니다. 향은 하나님을 위해 지극히 거룩했습니다. 사람이 제조할 수 없습니다. 거룩한 향유와 향은 그리스도인의 연합을 상징합니다(시 133:1-2).

성경 공부

문제❶ 분향 단을 만드는 재료는? (30:1)

문제❷ 생명의 속전은 어떤 용도로 사용했습니까? (30:16)

문제❸ 제사장이 성소에 들어가기 위해 손발을 씻어 정결 의식을 행한 곳은? (30:18)

문제❹ 성막의 모든 도구에 발라, 성결하게 하는데 사용된 것은? (30:25~29)

문제❺ 하나님 명령이 아닌, 잘못된 향을 사용하면 어떻게 됩니까? (30:37~38)

오늘의 묵상

사람이 살아가는 일에도 기준이 있습니다. 그 기준은 인간이 함께 살아가는 필요한 규칙이고, 그 규칙을 범하는 자에게는 합당한 징계가 따릅니다. 그런데 하나님이 세우신 기준은 우리를 복 주시기 위해 세우신 것들입니다. 지키는 자에게는 우리가 헤아릴 수 없는 것들로 우리 삶을 채워 주시지만, 그것을 무시하고 범하는 자에게는 영원한 죽음으로 징계하십니다.

오늘의 적용

나의 삶의 기준과 우선순위는 무엇인지 점검해 보십시오.

오늘의 기도

기도의 향을, 매일 피우겠습니다.

출·애·굽·기

31장

본문 소개

하나님이 모세에게 보여주신 디자인대로 성막의 기구를 만들 사람이 필요합니다. 제사장 예복을 만들기 위해 마음에 지혜 있는 자, 하나님이 지혜의 영으로 채운 사람이 만든 것처럼, 성막의 기구를 제작하기 위해 지혜로운 사람을 찾으셨습니다.

1. 지혜로운 사람(31:1-11)

하나님께서 성막 기구를 제작할 두 사람을 지명하셨습니다. 유다 지파 브살렐과 단 지파의 오홀리압을 세우셔서 성막과 기구들을 만들게 하셨습니다.

❶ 브살렐: 하나님의 영을 가득 채우셨습니다(3절). 성령은 지혜와 지식과 재주와 기술과 창의력을 더해 주셨습니다.

❷ 오홀리압: 브살렐을 돕는 조력자로 세우시고 지혜로운 사람들이 함께 작업하도록 하셨습니다(6절). 성막과 기구와 제사장 의복과 향유 제작은 많은 사람이 함께 일해야 하는 거룩한 일입니다. 지혜로운 사람이 하나님의 일을 감당할 수 있습니다. 하나님 나라를 섬기는 사람들은 성령과 지혜의 사람들입니다.

2. 안식일(31:12-17)

하나님께서 시내 산에서 모세에게 마지막 하신 말씀은 안식일에 대한 권면이었습니다. 성막과 기구가 있고 제사장이 있더라도 안식일이 지켜지지 않으면 율법과 성막과 제사장 신앙공동체는 무너질 수밖에 없습니다.

❶ 안식일은 표징입니다(31:13): 하나님이 자기 백성을 거룩하게 하시는 날입니다. 성막도 제사장도 안식일도 거룩합니다.

❷ 거룩한 날입니다(31:14): 안식일을 더럽히는 자는 안식일에 일하는 사람입니다. 율법은 반드시 죽이라고 하셨습니다.

❸ 안식일은 언약입니다(31:16): 창조의 하나님이 엿새 동안 일하시고 일곱째 날에 쉬셨습니다. 안식일에 쉬는 것이 창조의 하나님을 인정하는 신앙이며 거룩의 시작입니다. 하나님이 안식일을 거룩하게 하셨습니다(16:23, 20:11, 31:15).

3. 십계명 돌판(31:18)

하나님이 모세에게 율법을 주시고 율법의 말씀으로 시내 산 언약식을 행하신 후에, 모세가 시내 산에 사십일을 머무는 동안 성막에 대해 보여주셨습니다. 그리고 이제 백성들을 가르칠 십계명 돌 판을 주셨습니다(24:12). <율법 - 성막 - 제사장>은 하나님 백성 언약 공동체의 중심입니다. 그리스도의 제자들은 그리스도가 신앙의 중심입니다.

성경 공부

문제❶ 성막을 만들 총감독으로 하나님이 지명하신 사람의 이름은? (31:2)

문제❷ 브살렐을 도와 함께 일할, 단 지파 사람의 이름은? (31:6)

문제❸ 하나님의 일을 위해 부르신 사람에게 부어주신 것은? (31:3)

문제❹ 하나님께서 시내 산에서 모세에게 마지막으로 하신 말씀은? (31:13)

문제❺ 안식일을 지키지 않는 자에 대한 명령은? (31:14)

오늘의 묵상

하나님 말씀에 순종하는 삶을 살 때, 우리는 하나님의 창조 섭리 속에서 승리하는 삶을 살게 됩니다. 사람이 일주일 중 하루를 쉬고, 또 하나님을 예배하는 것은 하나님의 기쁨과 생명에 참여하는 것입니다. 그래서 예수님께서도 안식일이 사람을 위해 있는 것이라고 말씀하신 것입니다. 하나님께서 안식일을 제정하여 강제로라도 쉬게 하신 것은, 노동자들과 사회에서 소외된 자들에 대한 배려였습니다.

오늘의 적용

일과 예배는 성도에게 매우 중요합니다. 일에 대한 성실함, 그리고 예배를 위한 구별된 삶이 내게는 있습니까?

오늘의 기도

일과 예배, 소중히 여기겠습니다. 그리고 우선순위를 잊지 않겠습니다.

출·애·굽·기

32장

본문 소개

창세기 3장에서 갑자기 에덴은 죄와 죽음이 덮치고 아담과 하와는 추방되고 에덴은 금지구역이 되었습니다. 모세가 시내 산에 머물렀던 40일, 시내 산에 임재하신 하나님이 성막으로 내려오실 준비가 끝났습니다. 그러나 이스라엘에 큰 혼란이 일어났습니다. 이스라엘이 우상 앞에 무너졌습니다.

1. 금송아지 숭배(32:1-6)

모세가 더디 내려오자, 백성들이 아론에게 '우리를 인도할 신을 만들라' 요청했습니다. 지도력 공백이 가져온 문제였습니다. '이 사람 모세' 모세를 비하했습니다(1절). 아론은 주저하지 않고 금귀고리를 모았습니다. 아론은 송아지 형상을 만들고 '너희를 애굽 땅에서 인도하신 너희의 신이라' 선언했습니다(2-4절). 아론이 제단을 쌓고 여호와의 절기를 공포하고 제물을 바치고 축제를 즐겼습니다.

2. 하나님의 분노(32:7-14)

하나님은 계명을 버리고 송아지를 부어 만든 백성에게 크게 분노하셨습니다(7-8절). 하나님은 모세에게 '내가 하는 대로 두라. 내가 그들을 진멸하고 너로 큰 나라가 되게 하리라' 말씀하셨습니다(9-10절). 이스라엘은 부패한 백성, 목이 뻣뻣한 백성이었습니다. 그러나 하나님은 모세의 세 가지 탄원(하나님의 구원, 하나님의 명성, 하나님의 약속)을 들으시고 뜻을 돌이키셨습니다(11-14절).

3. 모세의 지도력(32:15-35)

모세가 들고 온 두 돌 판은 하나님이 친히 쓰신 완성된 언약을 상징했습니다.

❶ 모세의 분노(32:15-20): 금송아지 앞에서 노래하고 춤추는 현장을 목격한 모세는 돌 판을 깨뜨리고 금송아지를 심판했습니다. 송아지를 가루로 만들어 백성들이 마시게 했습니다.

❷ 아론의 변명(32:21-24): 아론의 지도력 상실이 백성을 큰 죄에 빠지게 했습니다. 아론은 자기 잘못을 축소했습니다.

❸ 모세의 심판(32:25-29): 아론과 백성의 방자함으로 원수들에게 조롱거리가 되게 했습니다. "여호와 편에 서 있는 자는 내게로 오라" 모세의 말에 레위 자손은 하나님께 충성하는 길을 택했습니다. 3천명 가량 죽고 레위인은 헌신을 증명했습니다.

❹ 모세의 중보(32:30-35): 모세는 백성의 죄를 자백하고 하나님의 책에서 이름을 지워달라고 기도했습니다. 그러나 하나님은 금송아지를 숭배한 죄에 대해 백성들을 심판하셨습니다.

성경 공부

문제❶ 모세가 시내 산에 있는 동안 백성들이 행한 죄악은? (32:4)

문제❷ 모세는 중보하며, 하나님께 주의 종 누구를 기억해달라고 간구합니까? (32:13)

문제❸ 산에서 내려온 모세가 백성들에게 행한 행동은? (32:19)

문제❹ 모세의 문책에, 아론은 자신의 죄에 어떤 변명을 합니까? (32:24)

문제❺ 여호와 편에선 레위 자손을 통해 폭동에 가담한 자를 죽이십니다. 이날 죽임을 당한 사람은 몇 명입니까? (32:28)

오늘의 묵상

금송아지를 만들어 우상을 섬긴 이스라엘을 향한 하나님의 진노에 대해, 모세는 백성들의 죄에 대해 중보 합니다. 하나님께서 이스라엘의 죄를 용서하지 않으신다면, 자신도 그들과 함께 죽게 해달라고 간구합니다. 그러나 금송아지를 숭배한 백성들을 하나님은 심판하십니다.

오늘의 적용

나의 중보기도가 필요한 사람과 기도 제목을 만들고, 기도를 시작해 보십시오.

오늘의 기도

국가, 민족 복음화, 지도자들을 위해 기도합니다. 긍휼히 여겨주옵소서.

출· 애· 굽· 기

33장

본문 소개

하나님은 선택된 지도자들과 참된 대화를 나누시고, 모세의 주장을 진지하게 받아들이시는 모습을 보여주셨습니다. 하나님은 모세와의 관계를 존중하시고 의사결정을 공유하셨습니다. 그리고 이제 하나님이 이스라엘을 떠나시겠다는 뜻을 모세에게 전하셨습니다. 모세는 다시 중보기도를 드립니다.

1. 하나님이 떠나심(33:1-6)

하나님이 모세에게 말씀하셨습니다. '이스라엘 백성을 네가 데리고 가나안 땅으로 가라. 내가 사자를 네 앞서 보내어 가나안 땅을 얻게 하리라. 나는 가지 않겠다. 이스라엘 백성은 목이 곧은 백성이다. 내가 같이 가면 너희를 진멸할까 염려한다.' 계속 반역하는 백성에게 하나님의 친밀한 임재가 백성들을 파멸시킬 수도 있기에 하나님은 모든 장신구들을 제거한 후에 생각해 보자고 하셨습니다.

2. 하나님과 대화(33:7-11)

백성들은 슬퍼하며 여호와를 경외하는 사람들은 회막에 모였습니다. 모세가 회막에 들어가는 모습을 지켜보았습니다. 모세가 회막에 들어갔을 때 구름 기둥이 내려오고 백성들은 하나님을 예배했습니다.

여호와께서 친구와 대화하듯이 모세와 대면하여 말씀하셨습니다.

3. 하나님의 결심(33:12-23)

하나님은 이 백성과 함께 가실 것인가? 모세는 백성을 위해 중보기도를 드렸습니다.

❶ 첫 번째 기도(33:12-14): “주께서 나에게 이 백성을 인도하여 올라가라고 말씀하셨지만, 그 일을 혼자서 할 수 없습니다. 내가 은총을 받은 사람이라면 하나님의 의도가 무엇인가를 알려달라”고 하사 하나님이 친히 가시겠다고 대답하셨습니다.

❷ 두 번째 기도(33:15-17): “나와 주의 백성이 은총을 입은 줄을 무엇으로 알리이까?” 이스라엘 백성들과 함께 거하시는 하나님의 계속적인 임재만이 그들을 열방 중에서 구별된 백성이 되게 했습니다. 특별한 은총은 함께 하시는 하나님입니다.

❸ 세 번째 기도(33:18-23): “주의 영광을 내게 보이소서” 하나님이 함께 거하실 것에 대한 표징을 요구했습니다. 하나님을 본 자는 살 수 없기 때문에 하나님이 모세를 반석 위에 세우시고 하나님의 뒷모습을 보게 하셨습니다. “내가 친히 가리라” 하나님은 함께 가시겠다는 약속을 주의 영광으로 응답하셨습니다.

성경 공부

문제❶ 하나님이 이스라엘과 함께하지 않겠다고 하신 이유는? (33:3)

문제❷ 이 말씀을 듣고 이스라엘 백성이 취한 행동? (33:4)

문제❸ 여호와께서 모세를 통해 이스라엘에게 요구하신 것은? (33:5)

문제❹ 하나님은 모세와 어떤 관계처럼 대화하셨습니까? (33:11)

오늘의 묵상

여호와께서 이스라엘 백성들과 가나안에 함께 들어가지 않으시겠다는 것은 아직 완전한 관계 회복이 이루어지지 않았음을 의미합니다. 그러나 백성들의 진정한 회개와 모세의 간절한 중보기도를 통해 비로소 관계가 회복됩니다.

오늘의 적용

나는 하나님과 친밀합니까? 교제가 단절되어 있지 않습니까? 왜 그렇습니까?

오늘의 기도

하나님이 싫어하시는 우상숭배를 저도 미워하겠습니다.

출·애·굽·기

34장

본문 소개

하나님께서 모세의 기도를 들으시고 "내가 친히 가리라" 이스라엘 백성과 함께 가나안으로 가실 것을 동의하셨습니다. 하나님은 모세에게 두 번째 돌 판을 만들 것을 지시하시고 이스라엘 백성과 두 번째 언약을 세우셨습니다. 금송아지 숭배로 언약이 깨졌고 모세의 중보로 다시 언약이 갱신됩니다.

1. 두 번째 돌판(34:1-9)

하나님이 모세에게 약속하신 일을 시작하셨습니다. "이 일도 내가 하리니"(33:17)

❶ 준비(34:1-3): 하나님은 똑같은 말씀을 두 번째 돌 판에 쓰시겠다고 하셨습니다. 모세가 돌 판을 만들어 가져가면 됩니다.

❷ 강림(34:5-7): 하나님이 구름 가운데 강림하셔서 하나님의 성품을 요약하여 선포하셨습니다. "여호와이시며, 여호와로 존재하신다." 하나님의 열세 가지 성품을 선포하셨습니다. 이스라엘에 대한 자비와 은혜와 무조건적인 사랑을 강조했습니다.

❸ 경배(34:8-9): 모세는 다시 하나님 백성의 죄를 용서해 줄 것을 요청했습니다. "우리와 동행하시고 우리 죄를 용서하소서."

2. 두 번째 언약(34:10-28)

하나님은 이스라엘을 위해서 경이로운 일을 행하시겠다고 말씀하셨습니다. 하나님이 행하실 일은 창조적인 일로 자기 백성을 용서하신 일입니다.

❶ 우상숭배 금지(34:11-17): 하나님께서 약속하신 대로 가나안 땅을 주실 때 스스로 삼가 우상숭배를 차단해야 합니다. 우상숭배 기회가 되는 가나안 족속과 언약과 결혼을 금지했습니다.

❷ 절기를 지켜라(34:18-28): 이스라엘 백성은 하나님께 충성된 삶을 살아야 합니다. 모든 남자는 1년에 세 번 하나님께 나아와 절기를 지켜야 합니다(23-24절). 율법 책에 말씀하셨던 종교 의무 중 중요한 것을 요약하시고 순종할 것을 요구하셨습니다. 모세는 하나님과 함께 사십일을 머물며 율법과 약속을 모두 기록했습니다(27-28절). 하나님은 십계명을 기록하셨습니다.

3. 모세의 광채(34:29-35)

두 돌 판을 들고 산에서 내려오는 모세 얼굴에 광채가 났습니다. 모세의 광채는 하나님 영광을 반영하는 것으로 신앙공동체 안에서 하나님 말씀을 전하는 중재자를 드러내고, 백성들로 하여금 하나님 말씀을 두려워하게 만드는 효과가 있습니다. 하나님 말씀은 광채가 가득합니다.

성경 공부

문제❶ 여호와께서 모세에게 돌 판을 다시 만들게 하신 이유는? (34:1)

문제❷ 모세가 새 돌 판을 가지고 여호와의 명령대로 올라간 산은? (34:4)

문제❸ 여호와께서 언약을 세우시며 이스라엘에게 강조하신 것은? (34:13~17)

문제❹ 이스라엘이 지켜야 할 3대 절기는? (34:18~23)

문제❺ 모세가 돌 판을 가지고 시내 산에서 내려올 때, 얼굴에 나타난 현상은? (34:29)

오늘의 묵상

하나님께서는 이스라엘과 다시 언약을 세우시며, 우상을 섬기지 말 것을 분명하게 강조하십니다. 이것을 통해 하나님이 가장 싫어하시는 것이 무엇인지 우리는 알 수 있습니다. 14절 말씀처럼, 하나님은 질투하는 하나님이심을 기억하고, 하나님보다 더 사랑하는 것이 있다면 모두 내려놓고, 하나님만을 사랑해야 합니다.

오늘의 적용

십계명 중 지키지 못하고 있는 말씀을 회개하고 결단해 보십시오.

오늘의 기도

하나님을 떠나지 않도록 성령님께서 다스려 주옵소서.

출·애·굽·기

35장

본문 소개

모세의 빛나는 얼굴은 성막이 하나님의 영광으로 가득 차게 될 것을 예고했습니다. 35-40장은 하나님이 모세에게 주신 명령들이 어떻게 실행되는지를 설명했습니다. 25-31장은 거룩한 것에서 덜 거룩한 것으로 설명했다면 35-40장은 실제로 만들어진 순서에 따라 기록했습니다. 이제 성막 건축을 준비합니다.

1. 안식일 규례(35:1-3)

모세는 이스라엘 온 회중을 모으고 안식일 규례를 선포하는 것으로 성막 건축을 시작합니다. 성막에 대한 지시도 안식일 규례로 마쳤습니다(31:12-17). 안식일을 지키는 것은 율법을 지키겠다는 공적인 고백입니다.

브루그먼(Brueggemann)은 "구조적으로 볼 때 금송아지 사건은 안식일 규례로 둘러싸여 있다. 안식일(31:12-17), 금송아지 사건(32-34장), 안식일(35:1-3). 안식일을 지키는 것이 하나님께 대한 최고의 순종이다." 안식일은 예배의 핵심입니다.

2. 성막건축 봉헌(35:4-19)

성막을 건축하는데 필요한 두 가지를 백성들에게 봉헌할 것을 요청했습니다.

❶ 필요한 재료(35:4-9): 모세는 하나님의 명령을 그대로 전했습니다. “너희의 소유 중에서 여호와께 드릴 것을 선택하라. 하나님께 바치고 싶은 마음대로 여호와께 드리라.” 강요나 머뭇거림이 아니라 즐거움으로 기쁘게 바치라고 말했습니다.

❷ 필요한 사람(35:10-19): 성막과 기구를 제작할 지혜로운 사람들을 구했습니다. 각 분야의 최고 기술자들을 찾았습니다. 지혜로운 자들이 만들어야 할 목록을 제시했습니다.

3. 백성들의 헌신(35:20-35)

모든 백성이 자원하여 하나님이 원하시는 성막 건축 재료를 하나님께 바쳤습니다.

❶ 필요한 재료(35:20-29): ‘마음이 감동된 모든 자와 자원하는 모든 자’(21절), ‘마음에 원하는 남녀’(22절), ‘마음이 슬기로운 모든 여인’(25, 26절), ‘마음에 자원하는 남녀’(29절). 백성들은 마음이 하나되어 기쁨으로 모든 물품을 하나님께 바쳤습니다.

❷ 필요한 사람(35:30-35): 모세는 하나님이 지명하신 지혜로운 사람, 하나님의 영을 충만하게 한 사람, 브살렐과 오홀리압을 백성들 앞에 소개하고 성막 건축 총책임자로 임명했습니다. 그들은 사람들에게 기술을 가르치며 성막을 건축했습니다.

성경 공부

문제❶ 성막 제작 전 여호와께서 모세를 통해 강조하신 것은? (35:2~3)

문제❷ "너희의 소유 중에서 너희는 여호와께 드릴 것을 택하되 (   )자는 누구든지 그것을 가져다가 여호와께 드릴지니" (35:5)

문제❸ "무릇 너희 중 (   )자는 와서 여호와의 명령하신 것을 만들지니" (35:10)

문제❹ 성막 건축을 위해 물질을 드린 자들의 특징은? (35:5, 21, 22, 29)

문제❺ 성막 건축 책임자로 선택받은 두 사람은? (35:30, 34)

오늘의 묵상

오늘 말씀은 성막 제작을 위한 준비 과정이 어떻게 진행되었으며, 하나님이 어떤 사람들을 성막 제작에 사용하시는가를 보여줍니다. 바로, 자원하는 자, 지혜가 있는 자, 마음이 감동된 자, 성령의 충만을 받은 자들입니다. 우리 역시 교회를 교회답게 세워나가는 일에 그런 자격을 지닌 믿음의 사람이 되어야 합니다. 성막 제작이라는 대역사에 앞서, 안식일 준수는 모든 언약을 포함하는 대표적인 계명이기에, 중요성을 강조하고 있습니다.

오늘의 적용

나는 예배드리는 날을 위해 어떤 준비와 실천을 하고 있습니까?

오늘의 기도

모든 날이 주님의 날임을 알고 살겠습니다.

출 · 애 · 굽 · 기

36장

본문 소개

성막은 하나님이 백성 중에 거하시겠다는 약속입니다. 성막이 건축되어야 하나님이 자기 백성 중에 거하실 수 있습니다. 성막은 이스라엘 백성에게 희망의 표시였습니다. 이제 성막 건축을 위한 준비가 끝났습니다. 하나님이 이스라엘과 언약을 다시 맺으시고 성막 건축을 시작하셨습니다.

1. 넉넉한 헌물(36:1-7)

성막 건축을 위한 최고의 기술자들이 모였습니다. 브살렐과 오홀리압, 마음이 지혜로운 자들이 모여 여호와께서 명령하신 대로 작업을 시작했습니다.

❶ 여호와께 지혜를 얻은 사람들(36:2): 성막 건축은 거룩하고 영광스러운 일입니다. 성막과 기구를 제조하기 위해 선택된 사람들은 하나님께 지혜를 얻고 온 자원자들이었습니다.

❷ 너무 많이 가져왔다(36:3-7): 백성들이 아침마다 자원하는 예물을 가져와 모세가 "성소에 드릴 예물을 다시 만들지 말라"고 명령해야 할 정도로 재료는 넉넉하고 충분했습니다.

2. 성막 건축(36:8-38)

지혜로운 기술자들과 충분한 재료가 준비되고 하나님 명령대로 작업이 시작되었습니다.

❶ 성막 덮개(36:8-19): 성막 덮개는 모두 4개로 제작했습니다.

① 36:8-13: 내부 덮개는 그룹을 수놓았으며 다섯 폭씩 두 개를 연결하여 열폭의 내부 덮개를 제작했습니다.

② 36:14-17: 외부 덮개는 염소 털로 제작했습니다. 열한 폭으로 제작하여 절반은 차양 역할, 절반은 성막 뒤를 가렸습니다.

③ 36:18: 두 개의 가죽 덮개. 붉은 물을 들인 숫양의 가죽과 해달의 가죽으로 덮어 성막을 안전하게 보호했습니다.

❷ 널판(36:20-34): 남쪽과 북쪽에 각 20개, 서쪽에 6개, 동쪽에 2개. 모두 48개를 조각목으로 제작했습니다. 널판 하나에 은 받침 둘을 만들어 넘어지지 않게 했습니다(24, 26, 30절). 널판을 결합하기 위해 15개 띠를 만들었습니다(31-34절).

❸ 성소와 지성소 휘장(36:35-38): 지성소 입구는 네 개 기둥을 세우고, 성소 입구는 다섯 개 기둥을 세웠습니다. 지성소 휘장만 그룹을 화려하게 수놓았습니다. 예수님이 구원의 문입니다. "다른 이로써는 구원을 받을 수 없나니 천하 사람 중에 구원을 받을 만한 다른 이름을 우리에게 주신 일이 없음이라"(행 4:12).

성경 공부

문제❶ 성막 건축은 브살렐과 오홀리압, 마음이 지혜로운 사람을 쓰셨습니다. 그 지혜는 어디서 왔습니까? (36:1, 2)

문제❷ 성막을 건축하는 자들에게 주어진 가장 큰 명령은? (36:1)

문제❸ 모세가 성소에 드릴 예물을 더는 만들지 말라고 명령을 내린 이유는? (36:5~6)

문제❹ 백성들이 어떻게 넉넉하게 드릴 수 있었습니까? (참조: 12:35~36)

문제❺ 넘치게 드렸다는 말씀에서 우리가 배울 점은 무엇입니까?

오늘의 묵상

성막 건축의 대역사가 시작되고 건축은 아무런 막힘이나 어려움이 없이 잘 진행되었습니다. 성막 본체의 덮개, 성막 본체에 필요한 널판, 널판을 연결하는 띠, 지성소 휘장과 성소의 휘장 등 모든 것이 잘 완성되어 갑니다.

오늘의 적용

나의 드림의 삶은 어떻습니까? 혹 아까워하거나 억지로 하지 않았습니까?

오늘의 기도

하나님 사역을 위해, 자원하는 마음과 기쁨으로 하는 삶을 살겠습니다.

출·애·굽·기

37장

본문 소개

하나님께 바친 넉넉한 예물과 하나님께서 지혜를 주신 지혜로운 사람들이 하나님이 모세에게 보여주신 대로 성막을 건축하고 있습니다. 하나님이 모세에게 25-31장에 설명하신 대로 성막이 하나씩 만들어지고 있습니다. 모세가 하는 일은 성막에 대해 명령하신 하나님 말씀대로 순종하는 일입니다.

1. 법궤(언약궤)(37:1-9)

법궤와 속죄소는 하나님 보좌의 상징, 하나님 임재와 통치의 상징입니다.

❶ 법궤(37:1-5): 조각목으로 112.5cm×67.5cm×67.5cm 궤를 만들고 안과 밖을 정금으로 입혔습니다. 법궤 안에는 만나를 담은 항아리, 아론의 싹 난 지팡이, 두 돌 판이 있습니다.

❷ 속죄소(37:6-9): 속죄소는 '카포레트' '덮다, 속죄하다'는 뜻으로 죄를 용서하시는 처소, 은혜를 베푸시는 장소입니다. 순금 덩어리로 두 개의 그룹을 만들고 날개를 펴서 속죄소를 덮었습니다. 하나님께서 속죄소에서 만나셨습니다(25:22).

2. 진설병 떡상(37:10-16)

진설병은 '레헴 파님' 면전의 떡, 하나님 임재의 떡이란 뜻입니다.

❶ 조각목으로 만들고 정금으로 싼 후에 금테를 둘렀습니다. 손바닥 너비의 턱을 만들어 안전장치를 했습니다.

❷ 대접, 숟가락, 주발 등 부속물도 만들었습니다. 제사장이 매 안식일마다 새 떡으로 진열했습니다. 하나님은 열두 지파를 먹이시는 분이시며 교회는 그리스도의 몸인 공동체입니다.

3. 등잔대(37:17-24)

등잔대는 '메노라'라고 부릅니다. 정금 1달란트(34kg)로 7개 등잔을 만들었습니다. 등잔대 등불은 24시간 켰습니다(레 24:3). 등잔대의 빛은 떡 상을 비추고 있습니다. 그리스도는 세상의 빛으로 오셨습니다(요 8:12).

4. 분향단(37:25-29)

분향단은 내부에 있는 제단입니다. 성소에서 향을 피우는 제단입니다.

❶ 조각목으로 만들고 정금을 입혔습니다. 지성소 휘장 앞 속죄소 맞은편에 두었습니다. 분향단과 속죄소는 긴밀하게 연결되어 있습니다. 분향단 향은 성도의 기도라고 했습니다.

❷ 지성소 안에 법궤와 속죄소가 있고, 성소 안에 떡상과 등잔대와 분향단이 있습니다. 우리는 매일 주님과 동행해야 합니다.

성경 공부

문제❶ 법궤를 만든 사람은 누구입니까? (37:1)

문제❷ 궤 제작에 쓰인 주된 재료 두 가지는? (37:1~4)

문제❸ 조각 목에 정금을 입힌 것도 있지만 순금으로만 만든 것은? (37:6)

문제❹ 성막 안 기구 중에 궤나 상이나 분향단에 채를 꿰도록 만든 이유는? (민 4:15)

문제❺ 등잔대와 기구는 얼마의 순금으로 만들었습니까? (37:24)

오늘의 묵상

오늘 본문에서 언약궤, 상, 등잔대, 분향단을 제작하는데 그 기구들을 제작할 때 공통적으로 쓰인 재료가 있습니다. 그것은 금입니다. 금은 가장 귀한 것을 상징하는 것으로, 기구들을 금을 사용해 만들었다는 것은 그 기구들은 성물이었기 때문입니다. 귀하게 다루어야 했으며, 그래서 손을 대지 못하도록 하였고 반드시 채로 들게 하였습니다.

오늘의 적용

하나님이 주신 것은 구별된 것입니다. 그것을 어떻게 사용해야 합니까?

오늘의 기도

성막 건축에 쓰임 받는 사람처럼 주님께 쓰임 받고 싶습니다.

38장

본문 소개

성막은 하나님의 임재를 상징할 뿐 아니라 초월적인 하나님이 백성과 함께하시는 실제적인 수단입니다. 성막 안에 거하시는 하나님은 초월적인 분으로 자신을 나타내십니다. 하나님은 거룩하신 분으로 이스라엘과 관계하고 계십니다. 성막의 내부 기구를 만든 후에 이제 성막 뜰 기구를 제작했습니다.

1. 번제단(38:1-7)

죄인이 하나님께 나오려면 먼저 죄부터 해결해야 합니다. 번제단에서 죄를 용서하십니다.

❶ 번제단은 제물을 태워 드리는 제단입니다. 하나님과 사람을 연결하는 장소입니다. 제단의 모든 기구를 놋으로 제작한 것은 놋은 하나님 심판을 상징하기 때문입니다.

❷ 번제단 불은 꺼져서는 안됩니다(레 6:13). 우리도 죄를 지을 때마다 죄를 자백하면 용서를 받을 수 있습니다(요일 1:9).

2. 물두멍(38:8)

제사장들이 성소를 출입할 때와 제물을 바칠 때 물두멍에서 반드시 손을 씻는 정결 예식을 했습니다. 솔로몬 시대에는 직경 4규빗 물두멍이

10개가 있었습니다. 하나님을 섬기는 사람들은 부지런히 손과 발을 씻어야 합니다. "이는 곧 물로 씻어 말씀으로 깨끗하게 하사 거룩하게 하시고 자기 앞에 영광스러운 교회로 세우사 티나 주름 잡힌 것이나 이런 것들이 없이 거룩하고 흠이 없게 하려 하심이라"(엡 5:26-27).

3. 성막 울타리(38:9-20)

성막 울타리 기둥은 남과 북에 각 20개씩, 동쪽과 서쪽은 각각 10개씩 세웠습니다.

❶ 세마포 흰색은 거룩함과 순결을 상징합니다. 성막과 세상을 구분하는 울타리입니다. 성막은 하나님 임재의 장소로 울타리는 거룩한 분리와 하나님의 수권과 통치를 나타냈습니다.

❷ 성막 울타리는 기둥과 놋 받침, 줄과 말뚝으로 고정했습니다. 교회의 타락이 세마포 울타리를 무너뜨리고 있습니다.

4. 성막 물자 목록(38:21-31)

성막이 완공되고 모세는 성막 건축에 들어간 물품과 비용을 계산하게 했습니다.

❶ 제작 책임자(38:22-23). 브살렐과 오홀리압이 함께 협력하여 하나님이 명하신대로 모든 기구를 제작했습니다.

❷ 제작 비용(38:24-31). 성소의 1세겔은 11.4g으로 할 때 금은 994.32kg, 은 3,420.23kg, 놋 2,407kg을 사용했습니다.

성경 공부

문제❶ 번제단과 물두멍이 제작될 때 앞장에서 제작된 성물들과 재료상의 차이점은? (38:2~4, 8)

문제❷ 물두멍의 용도는? (30:19~21)

문제❸ 성막 건축을 위해 수고한 자들의 이름 중 거론된 두 사람은? (38:22~23)

문제❹ 성막 건축 비용으로 쓰인 금의 양은 얼마입니까? (38:24)

오늘의 묵상

성막을 건축하는데 많은 귀한 재료들이 쓰였습니다. 그중에서도 금이 약 1000Kg, 은이 약 3400Kg, 놋은 약 2400Kg이 쓰였습니다. 이뿐 아니라 모든 재료가 모자람이 없이 풍족하게 채워졌습니다. 이것을 통해 우리는 온 이스라엘 백성들의 하나님을 향한 충성과 헌신이 어떠했는지를 잘 알 수 있습니다.

오늘의 적용

하나님의 일에 쓰임 받고 싶습니까? 어떤 도전이 있습니까?

오늘의 기도

하나님 일에 일군과 물질이 필요할 때 저도 쓰임 받도록 헌신하겠습니다.

출·애·굽·기

39장

본문 소개

이스라엘의 하나님은 이제 이스라엘과 가장 가까운 곳, 이스라엘 한가운데 거하시게 됩니다. 하나님은 이스라엘 중에 자신의 공간을 확보하셨습니다. 그러나 하나님은 성막에 갇혀 계신 분은 아닙니다. 가까이 계시면서 멀리 계신 분입니다. 이제 제사장의 옷을 만들고 성막의 모든 일을 마쳤습니다.

1. 에봇(39:1-7)

성막에서 하나님을 섬기는 대제사장 아론의 거룩한 의복과 제사장의 정교한 의복을 만들었습니다.

❶ 에봇은 겉옷 위에 입는 옷으로 대제사장은 금실로 짠 에봇을 입었습니다. 제사장의 세마포 에봇과 구분했습니다.

❷ 호마노 보석 두 개에 각각 6명씩 열두 지파의 이름을 새겨서 기념 보석으로 만들었습니다. 어깨 받이와 띠도 제작했습니다.

2. 판결 흉패(39:8-21)

흉패는 대제사장 에봇에 붙이는 큰 패로 정사각형으로 만들었습니다.

❶ 네 줄 열 두 개 보석은 열두 지파를 상징했습니다. 대제사장 에봇에 호마노와 흉패 보석에 이스라엘 이름을 새겼습니다. 하나님 백

성의 이름이 하나님 가슴에 새겨있습니다.

❷ 흉패를 판결 흉패로 부르는 것은 우림과 둠밈 때문입니다. 대제사장이 국가의 중대한 결정이 필요할 때 하나님의 뜻을 물었습니다. 이스라엘 백성을 인도하시는 분은 하나님이십니다.

3. 겉옷과 속옷, 거룩한 패(39:22-31)

하나님을 가까이 섬기는 제사장 옷은 거룩하고 정교하며 영화로웠습니다.

❶ 에봇 받침 긴 옷은 청색으로 만들었습니다. 석류를 수놓고 금방울을 교대로 달았습니다. 하나님은 우리의 출입을 지키시는 분이시며 우리가 행하는 대로 갚으시는 분이십니다.

❷ 속바지와 세마포 두건과 대제사장 빛난 관을 만들었습니다. 대제사장 관에는 "여호와께 성결"이란 금패를 붙였습니다.

4. 성막 건축을 마치다(39:32-43)

하나님이 명령하신 대로 성막이 건축되었습니다. 성막과 모든 기구를 모세에게 가져왔습니다. 모세는 하나님이 명령하신 대로 모든 것이 만들어진 것을 보고 성막 기술자들을 축복했습니다. 이제 이스라엘 백성은 자기들과 함께 계시는 하나님을 섬기게 되었습니다. 하나님은 백성에게 자신을 드러내셨습니다.

성경 공부

문제❶ 39장 전체에서 여러 차례 반복 표현되는 구절은? 몇 번을 기록하고 있습니까? (39장)

문제❷ 에봇을 만들 때 쓰인 다섯 가지 실은? (39:2)

문제❸ 순금으로 거룩한 패를 만들고 그 위에 새겨 넣은 글귀는? (39:30)

문제❹ 성막과 모든 기구와 제사장의 옷을 모세에게로 가져온 이유는? (39:43)

문제❺ 모세는 만들어진 전부를 검열하고 만든 자들에게 무엇을 하였습니까? (39:43)

오늘의 묵상

주님의 일을 하면서 가장 중요한 것은, 내 방식이 아닙니다. 오늘 본문은 그것을 분명하게 보여주십니다. "여호와께서 모세에게 명령하신 대로 하였더라"라는 구절이 오늘 본문 속에 10번이나 기록되었습니다. 그리고 마지막 43절에도 "모세가 그 마친 모든 것을 본즉, 여호와께서 명령하신 대로 되었으므로 모세가 그들에게 축복 하였더라"라고 기록하고 있습니다. 주님의 뜻을 따라 행할 때, 비로소 하나님의 영광이 나타나게 됩니다.

오늘의 적용

나는 주님의 뜻에 얼마나 순종하고 있다고 생각하십니까?

오늘의 기도

"명령하신 대로 하였더라" 제 삶의 지침으로 삼겠습니다.

출·애·굽·기

40장

본문 소개

이제 성막이 완성되었습니다. 시내 산에 강림하셨던 하나님이 이제 이스라엘 백성 가운데 거주하시게 되었습니다. 성막은 하나님의 강한 임재를 드러냅니다. 하나님의 유형적인 몸이라고 부를 수 있습니다. 성막은 예수 그리스도의 모형입니다. 예수님이 우리를 성전으로 만드셔서 우리 안에 내주하시고, 우리는 그분의 몸 된 교회의 지체가 되었습니다.

1. 하나님의 지시(40:1-16)

하나님께서 모세에게 첫째 달 초하루에 성막을 세우라고 명령하셨습니다. 시내 산에서 9개월을 머물며 <율법과 성막> 언약공동체가 세워졌습니다.

❶ (40:1-8): 증거궤(법궤), 떡 상, 등잔대, 금향단, 번제단, 물두멍에 대해 하나님이 설치와 작동을 지시하셨습니다.

❷ (40:9-11): 성막 안에 있는 모든 물건에 관유를 발라 거룩하게 구별했습니다. 기름을 바르지 않으면 거룩해질 수 없습니다.

❸ (40:12-15): 아론과 아들들을 물로 씻기고 거룩한 옷을 입히고 기름을 부어 거룩하게 하고 제사장 직분을 행하게 했습니다.

2. 모세의 설치(40:17-33)

하나님 지시대로 둘째 해 첫째 달 초하루에 성막을 세웠습니다.

❶ (40:18-19): 하나님 명령대로 성막 널판을 받침과 띠와 기둥 위에 세우고 그 위에 4개의 성막 덮개를 덮었습니다.

❷ (40:20-28): 지성소와 성소가 완벽하게 갖춰졌습니다. 하나님이 명령하신 대로 법궤 안에 돌 판을 넣고, 지성소 휘장으로 가리고 성소 안 북쪽에 떡 상을 놓고 진설병을 진설하고, 남쪽에 등잔대를 놓고 불을 켰습니다. 금향단을 휘장 앞에 두고 향기로운 향을 살랐습니다. 그리고 성소 출입문 휘장을 달았습니다.

❸ (40:29-33): 번제단을 설치하고 첫 번째 번제와 소제를 드렸습니다. 물두멍에서 손과 발을 씻고 울타리를 쳤습니다.

3. 여호와의 영광(40:34-38)

모든 준비가 끝나자, 모세가 성막에 들어갈 수 없을 정도로 구름과 영광이 충만했습니다.

❶ 성막 위에 구름이 이스라엘을 인도하는 안내자입니다.

❷ 성막에 계신 하나님이 구름 기둥, 불기둥으로 백성 앞에서 행하셨습니다. 우리도 하나님의 성전입니다(고전 3:16). 날마다 성령이 인도하시는 대로 순종하며 따라가야 합니다.

성경 공부

문제❶ 성막을 세운 날은 언제입니까? (40:2, 17)

문제❷ 성막 안의 모든 기구를 거룩하게 구별하기 위해 한 일은? (40:9)

문제❸ "여호와께서 모세에게 명령하신 대로 행하였더라"라는 말이 몇 번 나옵니까? (40장)

문제❹ 성막의 역사가 완성됐을 때 나타난 현상은? (40:34)

문제❺ 하나님의 임재 상징, 이스라엘이 하나님 백성이 되고 함께하시겠다는 언약으로 출애굽기에서 주신 것은?

오늘의 묵상

드디어 성막의 대역사가 완공되고 성막이 하나님 앞에 드려질 때 여호와의 영광이 성막에 충만했습니다. 이 아름다운 결과는 "여호와께서 모세에게 명한대로 되니라"입니다. 이 말씀은 계속 반복하여 기록되었습니다. 하나님의 명령대로 했을 때 하나님의 영광이 가득 임했습니다. 인생의 목적이 하나님 영광을 위한 것이라면 어떻게 살아야 할지에 대한 분명한 정답을 알게 됩니다.

오늘의 적용

지금 하는 일에 "하나님의 영광을 위하여"라는 말씀을 써 봅시다.

(예) 질문: 왜 공부하는가? / 정답: 하나님의 영광을 위하여

오늘의 기도

제 인생을 드립니다. 하나님 영광을 위해 사용하시옵소서.

출애굽기 모범답안지

1장

1. 70명
2. 요셉을 모르는 새 왕
3. 더욱 번성함
4. 산파들
5. 집안이 흥왕하는 축복

2장

1. 남자 아기는 죽이라는 명령
2. 물에서 건져냄
3. 누가 너를 다스리는 자와 재판관으로 삼았느냐?
4. 타국에서 나그네가 됨
5. 기억하고 돌보셨다

3장

1. 떨기나무 불꽃
2. 거룩한 땅이므로
3. 이 산에서 하나님을 섬기게 될 것
4. 스스로 있는 자
5. 젖과 꿀이 흐르는 땅

4장

1. 지팡이
2. 뱀으로 변하는 이적
3. 형, 아론
4. 하나님의 지팡이
5. 할례

5장

1. 내 백성을 보내라
2. 나는 여호와를 알지 못한다.

3. 노동을 더 무겁게 함
4. 너희 때문에 더 힘들게 되었다.

6장

1. 여호와
2. 나의 언약을 기억하노라.
3. 모세의 말을 듣지 않음
4. 아므람, 요게벳
5. 아론과 모세

7장

1. 내가 네게 명령한바(하나님이 모세에게 명한 말씀)
2. 내 백성 이스라엘을 그 땅에서 인도해 낼 것이다.
3. 80세, 83세
4. 물이 피가 된 재앙
5. 예(Yes)

8장

1. 개구리 재앙
2. 티끌이 이가 되는 재앙
3. 무수한 파리가 애굽을 뒤덮음
4. 이스라엘 백성을 내보내는 것
5. 진심이 아닌 거짓이다.

9장

1. 그는 마음이 완강하여 이스라엘 백성을 보내지 아니하였다.
2. 온 천하에 유일하신 하나님에 대해 알게 하려는 목적
3. 들에 있지 말고 집에 들어와 피하여야 한다.
4. 고센
5. 내가 범죄 하였노라. 여호와는 의로우시고 나와 나의 백성은 악하도다.

10장

1. 그 후대에게 여호와를 전하기 위하여
2. 사태의 심각성을 깨닫고 이스라엘 백성들을 내보내라고 직언했다.
3. 아이들을 볼모로 잡으면, 예배한 후 부모들이 돌아올 것으로 판단했기 때문
4. 어둠의 세력 앞에 당당하며 하나님께는 섬김의 삶이 되어야 한다.
5. 여호와의 위대하심과 능력과 구원의 손길과 사랑을 깨닫게 하시기 위하여

11장

1. 10재앙을 바로와 애굽에 내린 후
2. 모든 장자와 모든 가축의 첫 새끼까지
3. 여호와께서 애굽 사람과 이스라엘 사이를 구별하는 줄을 너희가 알리라
4. 장자 죽음과 홍해 사건

12장

1. 흠 없고 일 년 된 수컷
2. 집 좌우 문설주와 인방
3. 여호와께서 그 문을 넘으시고, 멸하는 자가 너희 집에 들어가 너희를 치지 못하도록.
4. 육십만 명
5. 사백 삼십년

13장

1. 맹세하신 땅에서 아빕월부터
2. 유교병과 누룩
3. 자녀들, 여호와께서 행하신 일들을 대대로 전하기 위해서
4. 요셉
5. 그들 앞에서 가시며 낮에는 구름 기둥으로 인도, 밤에는 불기둥으로 비추심

14장

1. 애굽 사람들이 나를 여호와인 줄 알게 하기 위해
2. 영원토록 노예로 부리기 위해서
3. 두려워 말고 가만히 서서 여호와께서 행하시는 구원을 보라

4. 여호와를 경외하며 모세를 믿었다.
5. 종의 신분에서 해방되고, 바다를 통과함으로 죽음과 부활을 체험함. 자유인 신분의 변화까지 획득하게 되었다.

15장

1. 위대하신 하나님, 구원자, 주관자, 관리자, 예비하시는 하나님, 인자하신 하나님
2. 돌같이 가라앉음, 지푸라기처럼 사라짐, 납처럼 잠김.
3. 마실 물이 없다.
4. 말씀 순종, 의를 행하며 계명에 귀를 기울이며 규례를 지키면
5. 치료하시는 하나님

16장

1. 굶주림 때문에
2. 너희의 원망은 우리를 향함이 아니요, 여호와를 향함이다.
3. 메추라기와 둥글고 서리 같은 것(만나)
4. 평일은 한 오멜, 안식일을 위해 두 오멜 / 안식일을 거룩하게 지키게 하기 위해
5. 하나님께서 광야에서 먹이심을 알게 하시기 위해

17장

1. 마실 물이 없었기 때문에
2. 호렙산 반석을 지팡이로 치면 거기서 물이 나올 것이라고 응답하셨다.
3. 아말렉
4. 모세가 손을 들면 이스라엘이 이기고, 손을 내리면 아말렉이 이김
5. 여호와 닛시

18장

1. 이드로
2. 이드로가 여호와 하나님을 믿게 되었다.
3. 백성 중 지도자를 뽑아 작은 일은 그들에게, 큰일은 모세에게 가져오게 했다.
4. 능력 있는 사람들 곧 하나님을 두려워하며 진실하며 불의한 이익을 미워하는 자
5. 장인의 모든 말대로 행하였다.

19장

1. 시내 광야
2. 독수리가 날개로 업음같이 인도하심
3. 모든 민족 중에 하나님의 소유와 제사장 나라가 되며 거룩한 백성이 된다.
4. 성결하게 하며 옷을 빨고 준비하여 셋째 날을 기다리라고 하심
5. 백성들이 산으로 올라오지 못하게 함. 백성들이 올라가면 죽임을 당함

20장

1. 이스라엘 백성을 애굽 땅 종 되었던 집에서 인도해 낸 하나님 여호와
2. 너는 나 외에는 다른 신들을 네게 두지 말라
3. 천대까지 은혜를 베푸심
4. 네 부모를 공경하라 그리하면 네 하나님 여호와가 네게 준 땅에서 네 생명이 길리라
5. 범죄 하지 않게 하려 하심

21장

1. 히브리 종을 자유 하게 해주었다.
2. 상전이 그 종을 재판장에게 데려가, 문이나 문설주에 대고 그 종의 귀를 뚫어야 한다.
3. 고의로 사람을 죽인 자, 부모를 치는 자, 사람을 납치한 자, 자기 부모를 저주 한자
4. 임신한 남편이 청구하는 대로 보상금을 물어야 한다.
5. 은 30세겔

22장

1. 소 한 마리에 소 다섯 / 양 한 마리에 양 네 마리로 갚아야 한다.
2. 사형
3. 하나님께서 진노하셔서 죽이심
4. 그의 알몸을 가릴 유일한 옷이라 그가 하나님께 부르짖으면 하나님께서 들으시기 때문에
5. 재판장을 모독하지 말며 백성의 지도자를 저주하지 말아야 한다.

23장

1. 거짓 증거를 하지 말아야 한다. 다수를 따라 악을 행하지 말아야 한다. 가난한 자를

위하여도 공정한 증거를 해야 한다.

2. 모든 사람을 공평하게 사랑하시는 하나님
3. 무교절(유월절), 맥추절(칠칠절, 오순절), 수장절(초막절, 장막절)
4. 하나님의 목소리를 청종하고 노엽게 하지 말아야 한다.
5. 양식과 물에 복을 주시고 병을 제하여 주심

24장

1. 여호와께서 명하신 모든 말씀을 준행하겠다고 대답하였다.
2. 하나님께서 피로써 이스라엘 백성과 언약을 세우셨다는 뜻
3. 그들을 가르치도록 율법과 계명을 기록한 돌판을 주기 위함
4. 아론과 훌
5. 여호와의 영광

25장

1. 기쁜 마음을 내는 것
2. (각자의 의견)
3. 하나님
4. 하나님
5. 일곱

26장

1. 사용하는 재료에 따라 실로 짠 옷감, 염소 털로 짠 옷감, 숫양 가죽 해달(돌고래)가죽
2. 조각 목(싯딤, 아카시아)
3. 그룹들
4. 이스라엘 백성
5. 5개

27장

1. 놋 고리
2. 세마포
3. 청색 자색 홍색 실과 가늘게 꼰 베 실

4. 감람유
5. 아론과 그의 아들들

28장

1. 아론
2. 마음에 지혜 있는 모든 자, 곧 내가 지혜로운 영으로 채운 자들
3. 이스라엘의 아들들의 이름
4. 판결 흉패
5. 아론이 죽었는지 살았는지 알기 위해서

29장

1. 세 마리 (수소 하나, 숫양 둘)
2. 물로 씻음
3. 화제
4. 이레(칠일)
5. 일 년 된 어린양 두 마리

30장

1. 조각목(아카시아)
2. 회막 봉사
3. 물두멍
4. 향 기름(거룩한 관유)
5. 백성 중에서 끊어지리라(죽음)

31장

1. 브살렐
2. 오홀리압
3. 하나님의 영
4. 안식일을 지키라
5. 죽일지며

32장

1. 송아지 형상을 만들어 하나님의 자리를 대신함
2. 아브라함, 이삭, 이스라엘(야곱)
3. 돌 판들을 산 아래로 던져 깨뜨림
4. 금붙이를 내가 불에 던졌더니 송아지가 나왔다.
5. 삼천명 가량

33장

1. 너희는 목이 곧은 백성인 즉 내가 길에서 너희를 진멸할까 염려되기 때문
2. 슬퍼하며 모두 자기의 몸을 단장하지 않았다.
3. 장신구를 떼어내라
4. 사람이 자기의 친구와 이야기함 같이 말씀하심

34장

1. 깨뜨린 처음 판에 있던 말씀을 그 판에 쓰기 위해
2. 시내 산
3. 우상을 숭배하지 말 것
4. 무교절(유월절), 초실절(오순절, 칠칠절), 수장절(장막절, 초막절)
5. 얼굴 피부에 광채가 났다

35장

1. 안식일
2. 마음에 원하는
3. 마음이 지혜로운
4. 마음에 자원(원)하는 자
5. 브살렐, 오홀리압

36장

1. 여호와께로 부터 오는 지혜
2. 여호와께서 명령하신 대로
3. 백성이 많이 가져와 쓰기에 남음

4. 출애굽 당시 애굽인들로 부터 풍부하게 받았기 때문
5. 이스라엘 온 백성들이 성막 건축을 위해 하나가 되어 헌신했다.

37장

1. 브살렐
2. 조각목과 금
3. 속죄소
4. 성물은 만지지 말지니 죽을까 하노라.
5. 한 달란트

38장

1. 금이 아닌 놋을 사용했다.
2. 제사장들이 성막 출입에 앞서 손과 발을 씻는 곳 — 정결해야 함을 상징
3. 브살렐, 오홀리압
4. 29달란트와 730세겔 : 약 1000 Kg

39장

1. 여호와께서 모세에게 명령하신 대로 하였더라. / 10번
2. 금실, 청색 자색 홍색실, 가늘게 꼰 베실
3. 여호와 성결
4. 여호와께서 명령하신 대로 만들어졌는지 모세에게 검열 받기 위해
5. 축복

40장

1. 출애굽 둘째 해 첫째 달 초 하루
2. 관유를 바름
3. 8번
4. 구름이 회막에 덮이고 여호와의 영광이 성막에 충만했다.
5. 성막

성경대탐험 교재는,
성도들을 참 그리스도인으로
세워가는 말씀훈련 교재입니다.

하나님의 감동으로 기록 된 성경말씀만이,
사람을 교훈하고 책망하며, 바르게 하고
의로 행하게 하여, 영원한 생명으로 인도하는
가장 위대한 책이기 때문입니다.

성경이 이끌어 가는 목회지침서

성경대탐험 구약 ❷권

출애굽기

초판 1쇄 인쇄 2024년 9월 5일

지은이 배국순
발행인 김용성
기획·편집 출판사역팀
디자인 새한기획
제 작 정준용
보 급 이대성

펴낸곳 요단출판사
등 록 1973.8.23. 제13-10호
주 소 07238) 서울특별시 영등포구 국회대로 76길 10
기 획 (02)2643-9155
보 급 (02)2643-7290 Fax(02)2643-1877
요단기독교서적 교회용품센터 (02)593-8715~8
대전침례회서관 (042)256-2109

값 10,000원

ISBN 978-89-350-1989-2 04230
978-89-350-0001-2 (세트)

● **세미나 문의 및 후원 :**
- 성경대탐험 바이블 연구원(010-4118-6610)
- 카카오톡 오픈 채팅 : BBB 성경대탐험 (pw: 0691)
- 교회진흥원 교회사역팀 (02-2643-7390)